财务精英都是数据控

CFO手把手教你看财报

刘 洋◎著

中国铁道出版社有限公司

CHINA RAILWAY PUBLISHING HOUSE CO., LTD.

图书在版编目(CIP)数据

财务精英都是数据控:CFO手把手教你看财报/刘洋著. —北京:
中国铁道出版社有限公司,2022.3(2024.1重印)
ISBN 978-7-113-28633-0

Ⅰ.①财… Ⅱ.①刘… Ⅲ.①会计报表-基本知识 Ⅳ.①F231.5

中国版本图书馆CIP数据核字(2021)第264659号

书　　名:**财务精英都是数据控:CFO手把手教你看财报**
　　　　　CAIWU JINGYING DOU SHI SHUJUKONG:CFO SHOUBASHOU JIAO NI KAN CAIBAO
作　　者:刘　洋

责任编辑:王　佩　张文静　　编辑部电话:(010)51873022　　邮箱:505733396@qq.com
封面设计:宿　萌
责任校对:孙　玫
责任印制:赵星辰

出版发行:中国铁道出版社有限公司(100054,北京市西城区右安门西街8号)
印　　刷:三河市兴达印务有限公司
版　　次:2022年3月第1版　2024年1月第3次印刷
开　　本:710 mm×1 000 mm 1/16　印张:13　字数:184千
书　　号:ISBN 978-7-113-28633-0
定　　价:69.80元

财务机器人、共享中心、业务融合、金税四期……大数据时代的来临,新技术的应用,使得传统账房会计人员的生存空间越来越小。

时下,财务工作者已经不能够单纯满足于财务核算、历史财务数据的分析以及税务方面的处理。某机构一项调查数据表明,传统财务部 50% 的时间用于基础的核算工作,而转型为管理会计的财务部,60% 的时间用于为企业提供决策支持以及进行管理控制!

在管理会计的职能中,最重要和最能帮助财务职场人士快速升职加薪的工作,莫过于财务分析!

据统计,目前财务分析师是财务领域两大薪酬最高的职业之一,很多企业的财务分析岗位月薪都在 2 万元以上,比传统记账岗位会计多出 5 倍左右,同时,财务分析师也将成为 CFO 的捷径职业。

想提高薪酬待遇吗?想摆脱账房先生的标签,抓住机遇,向管理会计转型吗?想获得老板的器重,让同事刮目相看吗?想顺利打开职场快速晋升的大门吗?快来开启财务分析之路吧!

本书从六大行业出发,围绕外部财务分析和公司内部财务分析两个角度,深入解读财务分析的思路、工具和实操方法。

为呈现更多财务分析的新视角,笔者邀请了四位财务实战专家参与了本书的写作。在这里也非常感谢四位财务专家,他们分别是:李映文(负责编写第 10 章)、沈莉(负责编写第 11 章)、张瑞蚕(负责编写第 12 章)、刘丽丹(负责编写第 13 章)。

全书分为五篇，共 13 章，具体为：

基础篇——从业务角度理解财务报表，初步掌握财务分析方法（第 1 章）。

提升篇——掌握常见财务分析模型，提升财务分析技能（第 2 章）。

进阶篇——用行业分析报告拓宽财务分析视野，用商业模式工具解读公司数据真实动因（第 3 章）。

工具篇——熟练运用思维导图、Excel 和 PPT 三大软件工具，又好又快做出让老板和同事惊叹的财务分析报告（第 4 章至第 8 章）。

实战篇——解读六大行业上市公司真实报表，包括制造业、房地产业、互联网平台、电子商务行业、新媒体行业（第 9 章至第 14 章）。

本书实例丰富而真实，为读者详细解读、分析了多家知名公司的企业年报，如格力电器、海信影像、老板电器、万科地产、大悦城、携程、美团酒旅、同程艺龙、京东、阿里巴巴、哔哩哔哩、快手、拼多多、亚马逊等，以期对读者的工作有所帮助。

本书适合普通财务人员、财务主管、财务经理、财务总监以及想要了解财务分析技能的相关人士阅读，也可作为即将步入职场的财经类学生的专业职场启蒙书。

刘　洋

目 录

实　战　篇

基础篇

第1章

五分钟看透财务报表

1.1 怎么写出一份让老板满意的财务分析报告

很多财务人士往往对于记账、报税等基础会计工作手到擒来,但是对经营决策、财务分析等工作,大脑却陷入"停机"状态,完全没有思路。在财务工作中,从事会计核算的传统工作岗位正在慢慢被财务机器人等新技术取代,有的企业推进了信息化建设后,甚至减少了三分之二以上的传统记账人员。被减少的财务人员都到哪里去了呢?一部分转移到其他非财务岗位,另外一部分则转型成了管理会计师。

管理会计最核心的技能之一就是撰写财务分析报告。财务分析虽然是一个非常具有技术含量的工作,但要想把报告写好,不仅仅需要了解财务,还要熟悉业务,理解公司文化,知道行业未来的发展趋势,更要能够满足不同出身及教育背景的管理者的不同要求。但现实是,老板想要的财务人员提供不了,财务人员提供的,老板看不懂,如图1-1所示。

那么,怎么进行财务分析,撰写一份让老板满意的报告呢?首先,需要明白财务分析也是有层次的。

财务分析分为三个层次,第一个层次叫作财务报表分析,主要是在满足企业会计准则编制的报表基础上,对基础财务报表进行的分析,包括各种比率的分析、趋势的分析等,这个层次的分析主要是为了满足对外投资者的需要,所以分析的层次也较浅,没有涉及过多的企业内部信息;第二个层次叫作财务分析,也就是内部经营效益分析,这种分析很重要,它包含了很多企业内部的经营信息,同时,在架构上,也按照PDCA(Plan 计划;Do 执行;Check 检查;Adjust 处理)原则进行闭环管理分析,不仅要分析企业的经营效益情况,也要分析企业当前经营中存在的问题和困难,以及相应的优化和破解方法;第三个层次叫作经营分析,这种类型的分析也是业财融合的一种手段,需要结合业务为企业领导提供决策支持,例如投资决策、定价决策以及专项活动是否开展等。财务分析有点类似体检,要定期做,经营分析类似专项检测,遇到问题再深入进行,但不是定期进行,如图 1-2 所示。

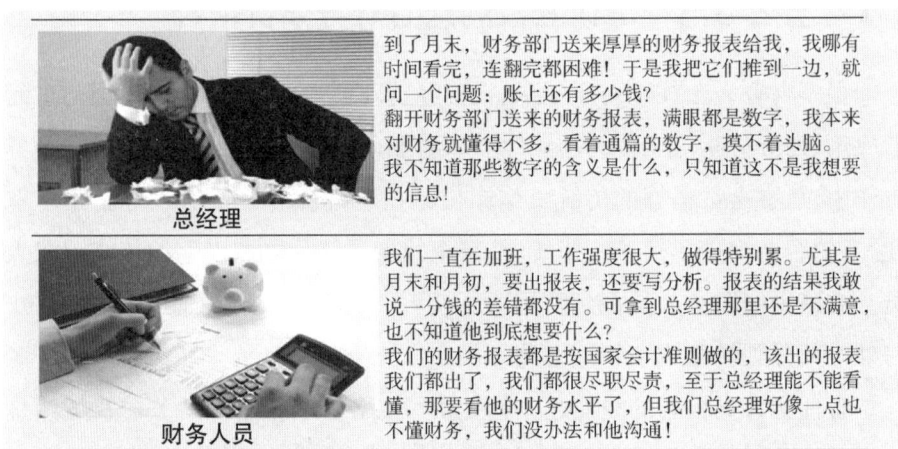

图 1-1　财务分析之惑

注:本图片中的文字摘自《500 强企业财务分析实务:一切为经营管理服务》(李燕翔)

只有知道了财务分析的三个层次,我们才可能有的放矢地写出让老板满意的财务分析报告。在大学的教材上,我们往往学到的都是第一个层次的财务报表分析。尽管在实务中,我们认为这个层次的分析无法站在企业内部角度提供有价值的经营建议,这却是我们做好财务分析的基础,正所谓"基础不牢,地动山摇",所以,万丈高楼平地起,我们要把基础打好,现在就准备好学习姿势,开始学习吧!

财务分析层次	使用主体	目的	分析内容
 财务报表分析	外部投资者	按照企业会计准则编制的财务报表进行分析	利润表 资金负债表 现金流量表 ……
 财务分析	集团股东 内部经营管理者	按照内部管理报表，结合业务进行分析，发现问题并解决	深层次的三表原因解读 内部管理报表解读（利润中心、成本重分类报表、资金需求报表等） 主要KPI完成情况分析 经营中出现的问题及解决方式
 经营分析	内部经营管理者	业务伙伴，决策支持	定价决策 业务经营决策（自营还是外包） 投资决策 营销决策（团购、广告投放与否） 专题问题：应收账款、存货高等

图 1-2　财务分析的三个层次

1.2　从业务视角理解财务三张表

财务报表中，最重要的就是资产负债表、利润表、现金流量表。这三张表颇有历史渊源。

会计起源于 15 世纪的意大利。早年的意大利威尼斯有很多商人，他们积累资本的手段是出海经商，但是他们也会有衰老的那一天，当商人们衰老的时候，终于有了属于自己的船，却没有了精力。长江后浪推前浪，任何时候都会有勇敢智慧的年轻人，于是这些老商人雇佣很多年轻的水手，驾着他们的船，带着他们的手下继续闯荡，积累财富。

但是，水手出海后，在报告出海效益的时候，往往会虚报状况，比如船触礁了、水手生病了、货物遗失了，等等。总之，他们会有很多赚不到钱的理由，而由于没有任何记录和监控手段，船主感到很头疼。于是他们请人设计了三张表：资产负债表、利润表和现金流量表。

资产负债表被称为底子，因为表内记录了这艘船值多少钱（固定资产），船上有多少货物（存货），应收欠款（应收账款），还有水手手头有多少现金（货币资金）。另外，也记录了这些资产的来源，比如应付的食品钱（应付账款）、船主自己出了多少钱买这些东西（所有者权益）。之所以叫底子，就是因为船上的东西越值钱，说明其家底资产越雄厚。

利润表被称为面子，利润表反映了这艘船出海一趟并卖出货物收到多少钱（营业收入）、这批货的进价是多少（营业成本）以及最后赚了多少钱（利润）。利润越丰厚，口袋的钱越多，资本家自然越有面子。

现金流量表被称为日子，俗话说"吃不穷花不穷，算计不到就会穷"，意思是说老百姓过日子要注意算好现金流，收支平衡就不会欠债。这张表记录了日常经营收入和支付的资金情况，以及结余情况，这叫作经营活动现金流。另外，如果要买第二艘船，那就是投资活动现金流。如果发现前两项资金无法自己承担，那就要去借钱，这个是筹资活动现金流。

三张表的关系是：企业运营会消耗资源（资产），产生利润，利润的积累也反映在资产负债表的所有者权益中，现金流量表经营活动、筹资活动和投资活动的总和，就是资产负债表中货币资金的变动情况，如图1-3所示。

底 子	面 子	日 子
资产负债表	利润表	现金流量表
◆ 资产负债表：看资产质量、偿债能力（资产负债率、流动比率、速动比率）	◆ 利润表：看盈利能力（净利润）、产品的竞争力（销售毛利率）、市场规模（收入）	◆ 现金流量表：看资金流向、利润质量（经营活动现金流量÷主营业务利润）

图1-3　传统的财务"三表"

资产负债表结构如图1-4所示，左边说明了企业的钱都花到了哪里，右边说明了钱的来源，负债就是占用银行、供应商、客户或职工的钱，所有者权益是老板自己掏出来的钱或者是历年的经营积累等。

我们可以从资产负债表中看出企业资产的质量、短期偿债能力、长期偿债能力以及运营能力。

企业的资产质量主要看货币资金是否充足，应收账款占比是否合

资金占用=资金来源	
资产：资金的占用	负债：欠别人的钱
货币资金：企业的钱	短/长期借款：欠别人的钱
交易性金融资产：资金被短期投资占用	应付账款：欠供应商的钱
应收账款：资金被客户占用	预付账款：欠客户的钱
预付账款：资金被供应商占用	应收职工薪酬：欠员工的钱
存货：资金被原材料、半成品、库存商品占用	应交税费：欠税务局的钱
长期股权投资：资金被用来投资	所有者权益：自用资金
固定资产：资金被厂房、设备占用	实收资本：企业投入的资金
在建工程：资金被用到工程建设中	资本公积：股本溢价或资本增值
	盈余公积：从净利润中积累的钱
	未分配利润：经营利润积累下来的钱

图 1-4　资产负债表结构

理,是否有大额或长期无法收回的应收款项,存货是否有巨大的减值风险,固定资产中的设备是否还能适应目前企业产品的生产,等等。总结起来,资产质量主要是看资产中是否存在坏账情况、减值风险、淘汰风险,等等。

短期和长期偿债能力,主要通过流动比率、速动比率、资产负债率等指标与同行业相比。一般来讲,如果一个企业的资产负债率低于30%、产权比率低于50%、流动比率大于2、速动比率大于1,说明这个企业偿债风险比较低,见表1-1和表1-2。当然,这个还要具体行业具体分析。

表 1-1　与资产负债表相关的比率

分析内容	主要指标	计算公式
短期偿债能力分析	流动比率	流动资产÷流动负债×100%
	速动比率	速动资产÷流动负债×100%
	现金比率	现金类资产÷流动负债×100%
长期偿债能力分析	资产负债率	负债总额÷资产总额×100%
	股东权益比率	股东权益总额÷资产总额×100%
	产权比率	负债总额÷股东权益总额×100%
	权益乘数	资产总额÷股东权益总额×100%

续表

分析内容	主要指标	计算公式
运营能力分析	应收账款周转率	营业收入÷平均应收账款余额×100%
	存货周转率	营业成本÷平均存货余额×100%
	固定资产周转率	营业收入÷平均固定资产净值×100%
	总资产周转率	营业收入÷平均资产余额×100%

表 1-2　部分比率值区间参考

风　险	资产负债率	产权比率	流动比率	速动比率
高风险	>50%	>100%	<1%	<0.5%
中等风险	>30%	>50%	>1%	>0.5%
低风险	<30%	<50%	>2%	>1%

利润表主要可以看出企业盈利能力、产品竞争力和市场规模。

盈利能力主要看净利润,如果一个企业的净利润为负数,除非盈利模式特别好,在未来一个时间段内可以实现盈利,而且有持续的外部投资介入,否则很难长期生存下去,如图 1-5 所示。

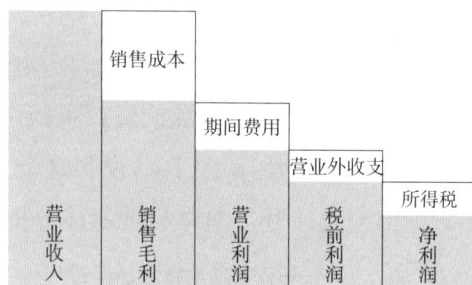

图 1-5　利润表结构

产品竞争力说明了产品议价能力和成本控制水平,比如茅台酒的毛利就很高。因为酒类产品成本很低,但是因为茅台酒的口碑好,市场需求大,所以单价可以设得很高。而一些没有科技含量或者市场竞争比较饱和的产品,毛利就很低,这样每卖出一个产品赚到的钱就比较少,只能走低价高量路线,维持企业的生存。

市场规模主要看收入水平。例如在石油方面,中国石油和中国石化在石油领域的收入肯定是占据了行业收入的绝大部分；而有些行业是不存在寡头企业的，比如美容业就是充分竞争的行业，每年都有企业退出，也有新的企业进入，由于没有哪个企业一家独大，所以每家企业收入占据整个行业的份额也都不会太大。

那么问题来了，当企业利润下滑，出现危机的时候，我们用什么逻辑来分析比较好呢？此时，要认真地看每一个科目，着重观察绝对值，如图1-6所示。

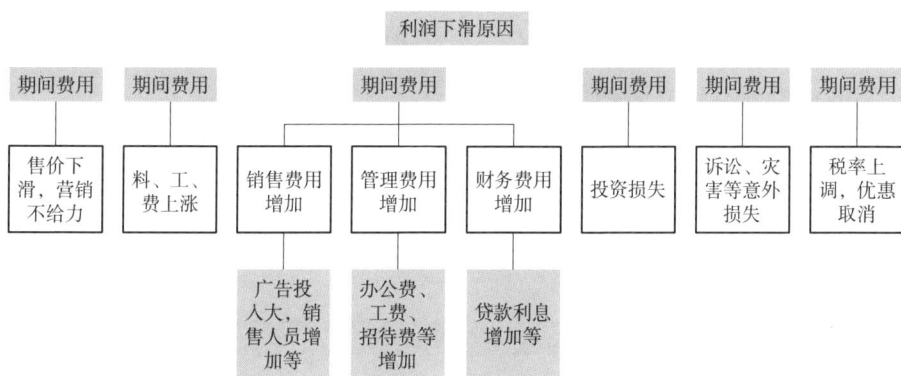

图1-6　分析利润表

如果利润下滑，我们可以从利润表结构方面观察是否存在以下问题：

（1）营业收入方面：主要是销售数量和单价。销售数量下降有可能源于营销做得不够好，单价下降有可能是产品落后，市场需求不足或者竞争比较激烈，主动降价，等等。

（2）营业成本方面：有可能是原材料、人工成本或者制造费用的增加。原材料有可能是 CPI 指数增加，物价上涨或者供应紧缺。人工成本上涨可能是工人难招或者社会薪酬普遍提升。制造费用增加有可能是水电费涨价，辅助材料或者人工增加，等等。也有可能是企业建设了新的厂房或投入新设备，导致折旧费增加等造成营业成本增加。

（3）期间费用方面：包括销售费用、管理费用、财务费用。销售费用增加主要是营销力度加大。比如，某企业赞助了很多综艺节目，势必导致销售费用在当年大幅增加。管理费用增加主要是管理人员的人工成本增加，或者是日常接待费、办公费等的增加，也有可能是企业土地摊销成本的增加。财务费用的增加主要是贷款利息等的增加。

（4）投资收益方面：如果投资收益为负数，则表示企业投资失败，发生了损失。

（5）营业外收支方面：通常是不可控的。营业外收入减少，有可能是同期没有了诉讼赔偿或者政府补助，营业外支出增加可能是发生了自然灾害、诉讼赔偿或罚款等。

（6）所得税方面：如果不成比例地大幅度减少，那有可能是享受的税收优惠政策取消导致的结果。

另外，深入来讲，利润能否持续，是否健康，对企业生存发展至关重要。如果不去看具体科目，其实利润表包括两大项目：收入和支出，如图 1-7 所示。

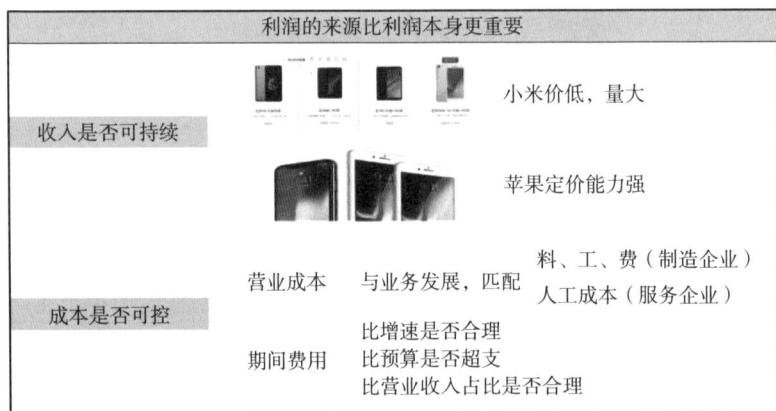

图 1-7　利润表——收入和成本

收入方面，主要收入是否可以持续。这个主要是看企业执行的策略能否与自己所制定的战略匹配。企业竞争战略主要包括成本领先和差异化战略。成本领先就是要定价低，性价比高，从而以量取胜。典型的企业如小米，他们制造的小米手机在市场上就属于物美价廉的产品。而苹果手机走的则是差异化的战略,价格高,但是技术也相应地更加成熟。

　　成本方面,主要是看成本是否可控。营业成本要与目前企业的发展状态匹配。不能超前,也不能太畏首畏尾。制造企业主要关注料、工、费,服务型企业主要关注人工成本。期间费用中的销售费用主要关注营销力度是否合适,管理费用主要关注投入的管理资源是否合适,财务费用主要关注融资规模是否恰当。

　　我们可以从三个方面分析收支情况是否与战略匹配。

　　第一,比增速是否合理。即看看收支同比增幅是否与我们期望的相一致,是否有失控或者不符合预期的情况。

　　第二,比预算是否超支。如果企业制订了预算,那我们就要分析各个收支项目是否与我们的预算有较大偏离,如果偏移较大,有可能是我们对市场的判断有问题,或者内部管理不当,也有可能是当时预算编制的不准确。这个要具体问题,具体分析。

　　第三,比营业收入的占比。以上两种方法是对比分析,我们也可以用结构分析,即让利润表的每个项目都计算出所占收入的比重,然后对比两年或者三年的数据,看看结构发生了什么样的变化。如果某项成本的结构变大了,那就有可能是内部管理对成本没有管控好。

　　从综合角度看,利润表中不同项目的不同状态形成了不同的企业经营情况,见表1-3。

表 1-3　利润表的不同状态

项　　目	正常情况	暂时亏损状态	盈利能力不稳定状态	偶然性盈利状态	较危险状态	极度危险状态
经营性利润	+	+	+	−	−	−
投资收益	+	+	−	+	−	−

项　目	正常情况	暂时亏损状态	盈利能力不稳定状态	偶然性盈利状态	较危险状态	极度危险状态
营业外业务	+ 或 −	−	−	+	+	−
净利润	+	−	−	+	+	−
说明	盈利能力稳定,状况好	由于营业外业务,不影响盈利能力,亏损是暂时的	盈利情况比较差,投资业务失利导致企业经营性利润差,不稳定	依赖投资和营业外业务,投资项目好坏直接关系到企业盈利能力,需关注项目收益稳定性	盈利状况差,虽然当年盈利,但依赖于营业外收支,持续下去会导致企业破产	盈利状态非常差,财务状况担忧

此外,通过利润表与资产负债表和现金流量表的结合,进行各种比率分析,还可以看出企业的盈利能力、偿债能力和企业发展能力,见表1-4。

表1-4　利润表比率分析

分析内容	主要指标	计算公式
盈利能力分析	销售净利率	净利润÷销售收入×100%
	主营业务净利润率	净利润÷主营业务收入净额×100%
	净资产收益率	净利润÷所有者权益平均余额×100%
	普通股每股收益	(净利润 − 优先股股利)÷普通股股数
	市盈率	流通股每股市场价格÷普通每股收益×100%
长期偿债能力分析	利息保障倍数	(净利润 + 利息费用 + 所得税费用)÷利息费用
企业发展能力分析	营业收入增长率	本年营业收入增长额÷上年营业收入总额×100%
	营业利润增长率	本年营业利润增长额÷上年营业利润总额×100%
	营业收入三年平均增长率	$\sqrt[3]{\left(\dfrac{\text{当年营业收入总额}}{\text{三年前营业收入总额}}\right)} - 1 \times 100\%$

现金流量表主要看资金流向、利润质量。

资金流向主要看资金收入和支付到哪里去了。现金流量表主要有三个资金流方向,分别是:经营活动、投资活动和筹资活动。

另外,从现金流量表还可以看到利润质量,即利润中包含的现金流量大小。以格力电器为例,2018 年 1—6 月经营活动现金净流量是 89 亿元,利润总额是 97 亿元,经营活动现金净流量与主营业务利润的比例近 1：1 了,说明这个企业的现金流非常充裕,而有的企业就不行,甚至经营活动现金净流量是负数,这说明资金链很脆弱。

从综合角度看,现金流量表中不同项目的不同状态形成了不同的企业经营情况,具体见表 1-5。

表 1-5 现金流量表的不同状态

经营活动	投资活动	筹资活动	企业状态判别	重点关注
正	正	正	发展期,主营业务稳定且占主要地位,没有可供投资的项目	筹集资金的目的和用途
正	正	负	产品成熟期,没有可供投资的项目,抗风险能力弱	行业前景和企业产品后续发展潜力
正	负	正	高速发展期,仅靠经营活动的现金流入净额无法满足所需的投资,须通过筹资外部资金作为补充	投资决策的正确与否和投资前景
正	负	负	经营状况良好,一方面偿还以前的债务,另一方面正在为未来发展新的盈利模式	经营活动应对意外事件的能力
负	正	正	衰退期,经营活动出现困难,靠借款来维持生产经营的需要	投资活动中现金流量的来源(投资收益还是处理经营资产)
负	正	负	加速衰退期,市场萎缩,为应付债务不得不收回投资,已处于破产边缘,需高度警惕	经营业绩和债务情况
负	负	正	如为初创企业,则说明在投入大量资金开拓市场;如为长期稳定企业,则财务状况具有较大的不确定性	企业的发展阶段
负	负	负	陷于严重财务危机,可能破产	该状况的持续时间

财务上的这三张表很重要,我们可以从财务"三表"上看出企业的五种能力水平:发展能力、控制能力、运营能力、偿债能力、盈利能力。另外,也可以看出企业产品、效率以及财力的状态,如图 1-8 所示。

产品　效率　财力

发展能力

控制能力

运营能力　　　　　　　　　　　　　　现金流量表

偿债能力　　　　　　　　　　　　　　资产负债表

盈利能力　　　　　　　　　　　　　　利润表

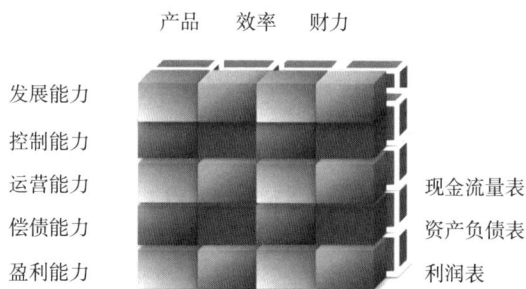

图 1-8　看透"三表"

1.3　五分钟快速看透财务报表

接下来我们记住三句口诀,可以让你五分钟看懂财务报表。简单来讲就是三句话:横着看,竖着看,翻过来看,如图 1-9 所示。

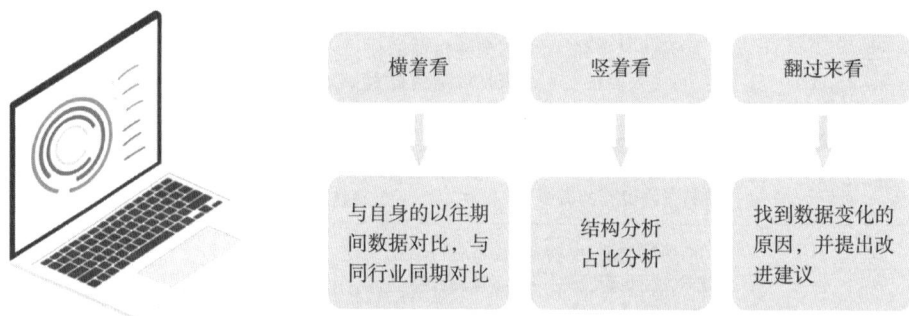

横着看	竖着看	翻过来看
与自身的以往期间数据对比,与同行业同期对比	结构分析占比分析	找到数据变化的原因,并提出改进建议

图 1-9　三句口诀看透报表

"横着看"的意思是将本期与往期数据进行对比,将本年数据与去年比,或者将近三年数据相比,数据的维度可以是多样的。例如,分析 2021 年收入的时候,可以将 2021 年与 2020 年做同比分析。如果上升了,那么要分析上升的原因,继续向下做分解分析,比如按照产品类型分析、按照区域分析、按照销售人员分析,等等。

"竖着看"的意思是做结构分析。比如分析 2021 年收入的时候,我们可以分析一下五大产品结构比重,六大地区销售情况结构比重,前十大销售员销售比重。从结构上,我们可以看出,哪些产品卖得好,需要继续投入资源;哪些产品销售出现问题,要找到问题,并且给出解决方案。

"翻过来看"的意思是做原因分析。比如,2021 年上半年的水电费比 2020 年明显上升了 30%,而我们的生产量只增加了 10%,这是什么原因呢? 是水电费单价提升了? 机器老化耗电量增加? 还是出现跑冒滴漏现象? 我们要根据发现的原因,提出建议。

财务分析总体的思路都离不开管理学原理:PDCA,按照年初的计划执行战略,然后用财务分析检查计划的执行情况,找到问题,并解决问题。

1.4 四大财务分析方法实战

四大财务分析方法分别是比较分析、比率分析、趋势分析和因素分析,如图 1-10 所示。

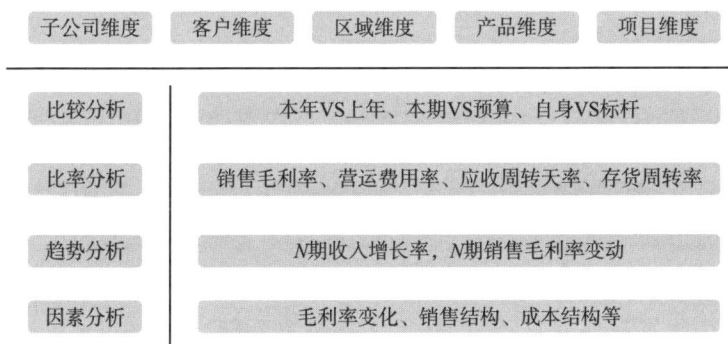

子公司维度	客户维度	区域维度	产品维度	项目维度
比较分析	本年VS上年、本期VS预算、自身VS标杆			
比率分析	销售毛利率、营运费用率、应收周转天率、存货周转率			
趋势分析	N期收入增长率、N期销售毛利率变动			
因素分析	毛利率变化、销售结构、成本结构等			

图 1-10　四大财务分析方法

比较分析的意思是把今年的数字进行对比,对比的对象可以是:上年数、预算数、标杆数。通过与上年数对比可以发现今年同比增加了还是减少了,与预算数对比可以发现预算的完成情况,与标杆数比可以发现自己在管理上是否有进步,与管理先进的企业相比,差距在哪里,提升空间有多大。

比率分析的意思是通过计算的财务指标来分析财务情况。比如你可以计算销售毛利率,从而分析产品获利能力,计算营运费用比率分析费用是否对收入的提升起到作用,计算应收账款周转率和存货周转率分析流动资金的运营效率。

趋势分析的意思是对 N 期的收入或者成本费用进行分析,以揭示哪个季节是销售旺季,哪个季节是销售淡季,哪个时间某项成本费用是主要投入期,等等。

因素分析的意思是对某个汇总指标进行变动原因的分析。例如毛利率发生了重大变化,可以向下进行收入的分析、成本费用的分析。然后对收入再进行因素分析,分析是哪些产品的单价或者销量变化导致了收入变化,对成本费用进行因素分析,分析可变成本、固定成本、专项成本等因素的变化导致的成本费用变化。这样一层层地将毛利率的变化因素进行深度分析。

我们可以尝试登录一个网站,叫作"金融界",这个网站可以查到所有国内上市公司的各项财务资料,所有历年的数据都可以展示,如图 1-11 所示。

图 1-11　金融界网站查询公司财务信息

我们先展示一下比较分析。在搜索框中输入"贵州茅台",点击该公司
页面上财务数据中的营业总收入分析。很快,页面右侧就出现了柱形图和
折线图,柱形图展现了近几年的总收入对比,折现图则是行业平均收入指
标,如图 1-12 所示。这样我们就可以看到贵州茅台的收入同比和与行业平
均水平的对比情况。

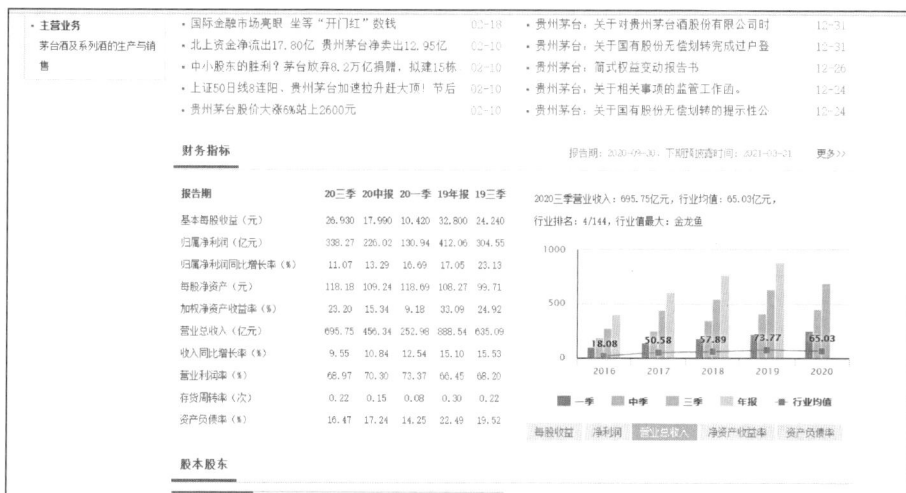

图 1-12　比较分析

我们可以再点击一下净资产收益率分析,这个指标是一个比率指标,净
资产收益率等于净利润除以净资产。从柱形图中可以看出,贵州茅台的净
资产收益率是远超过行业均值的;从左侧的财务指标列表中,我们还可以看
到自动计算出的几个主要比率指标,包括营业利润率、存货周转率、资产负
债率等,如图 1-13 所示。

趋势分析也是一样,与比较分析不同的是,趋势分析需要两期以上的数
据进行对比。从图 1-14 中,我们可以看到贵州茅台从 2017—2020 年收入水
平比较稳定。另外从中也可以看出四个大方面核心指标近四年的情况。

因素分析方面,我们另外举个例子。如图 1-15 所示,这是某公司 2021
年和 2020 年两年利润的同比变化因素图。灰色部分的柱子代表对 2021 年
利润同比增加的贡献,黑色代表减少。那么 2021 年比 2020 年利润增加 300

报告期	20三季	20中报	20一季	19年报	19三季
基本每股收益（元）	26.930	17.990	10.420	32.800	24.240
归属净利润（亿元）	338.27	226.02	130.94	412.06	304.55
归属净利润同比增长率（%）	11.07	13.29	16.69	17.05	23.13
每股净资产（元）	118.18	109.24	118.69	108.27	99.71
加权净资产收益率（%）	23.20	15.34	9.18	33.09	24.92
营业总收入（亿元）	695.75	456.34	252.98	888.54	635.09
收入同比增长率（%）	9.55	10.84	12.54	15.10	15.53
营业利润率（%）	68.97	70.30	73.37	66.45	68.20
存货周转率（次）	0.22	0.15	0.08	0.30	0.22
资产负债率（%）	16.47	17.24	14.25	22.49	19.52

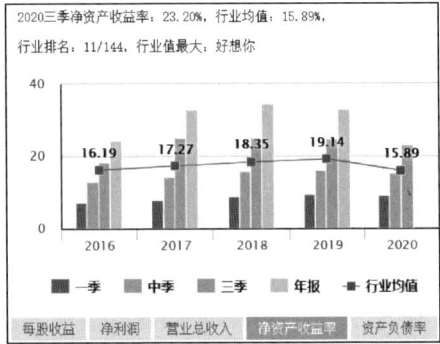

2020三季净资产收益率：23.20%，行业均值：15.89%，
行业排名：11/144，行业值最大：好想你

16.19　17.27　18.35　19.14　15.89
2016　2017　2018　2019　2020

■ 一季　■ 中季　■ 三季　■ 年报　■ 行业均值

每股收益　净利润　营业总收入　净资产收益率　资产负债率

图 1-13　比率分析

▶ 个股概览
▼ 深度分析
▶ 交易数据
▶ 研报公告
▶ 基本资料
▶ 股本股东
▼ 财务指标
　核心指标
　资产负债表摘要
　利润分配表摘要
　现金流量表摘要
▶ 财务报表
▶ 主营业务
▶ 业绩报告
▶ 其他

核心指标　　个股查询：代码/简称/拼音　　查询
历史数据　最近四期　2020 年　2019 年　2018 年　2017 年

报告期		2020-09-30			2020-06-30			2020-03-31			2019-12-31		
		公司	沪深300	行业	公司	沪深300	行业	公司	沪深300	行业	公司	沪深300	行业
盈利指标	毛利率	91.32%	31.89%	37.82%	91.46%	30.82%	37.77%	91.67%	30.44%	36.87%	91.3%	33.08%	37.46%
	营业利润率	68.97%	20.86%	13.02%	70.3%	19.29%	1.39%	73.37%	17.06%	0.27%	66.45%	20.67%	6.27%
	净利率	53.34%	22.11%	9.93%	54.44%	20.36%	-1.67%	56.8%	16.3%	-2.68%	51.47%	18.85%	3.46%
偿债指标	流动比率	5.18	2.01	4.05	4.89	1.85	3.57	6.12	1.91	3.73	3.87	1.8	3.4
	速动比率	4.29	1.59	2.95	4	1.45	2.57	5.14	1.49	2.7	3.25	1.4	2.42
	权益乘数	1.2	3.68	2.11	1.21	3.73	2.04	1.17	3.65	2.17	1.29	3.64	2.27
运营能力	资产收益率	25.96%	6.56%	7.87%	17.96%	3.95%	5.15%	10.13%	1.62%	2.17%	34.29%	9.6%	8.2%
	净资产收益率	22.79%	9.69%	2.09%	16.47%	5.89%	4.36%	8.78%	2.52%	1.53%	30.3%	13.71%	9.4%
周转率	应收账款周转率	--	72.3	98.45	--	44.01	226.44	--	20.58	72.46	--	97.18	364.92
	存货周转率	0.22	21.19	3.78	0.15	14.86	2.39	0.08	5.67	1.04	0.3	1,641.91	5.05
	总资产周转率	0.38%	0.39%	0.58%	0.26%	0.25%	0.38%	0.14%	0.11%	0.18%	0.52%	0.58%	0.31%

图 1-14　趋势分析

万元的原因是什么呢？首先是产品 1 和产品 2 的收入分别增加了 200 万元和 400 万元；另外，产品 1 的成本同比减少了 100 万元，三项共计带来利润增加 700 万元。其次，产品 2 成本增加了 250 万元，其他成本增加 150 万元，导致利润同比减少 400 万元，700 万元的利润增加减去 400 万元的利润减少，刚好是 300 万元的利润同比增加值。通过这个图表，我们可以很清楚地看出利润同比增加或减少的原因。以上就是我想介绍的财务分析常见的四种方法。

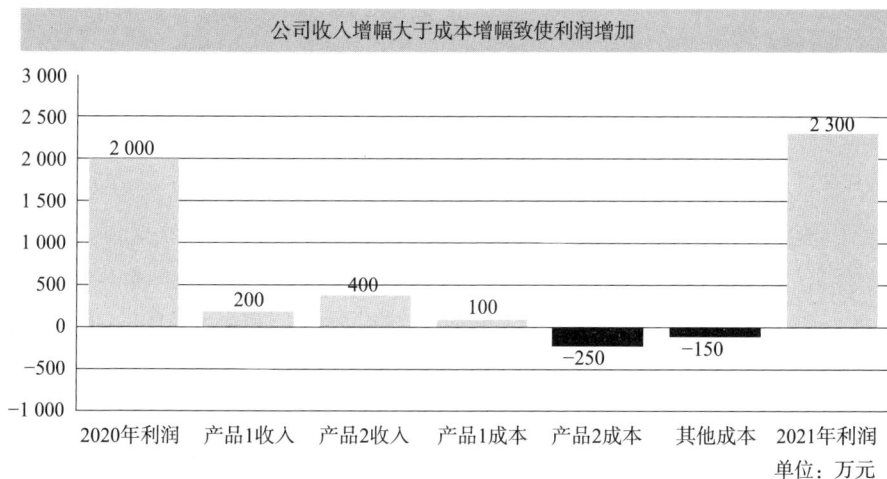

图 1-15　因素分析

本章小结

　　这个章节,我们了解到财务分析是分三个层次的,即财务报表分析、财务分析和经营分析;学习了常见的"三表"即资产负债表、利润表和现金流量表的分析方法和分析内容;也了解到了四大财务分析方法的实战应用。通过本章的学习,相信读者们已经对财务分析的方法和内容有了初步了解,下一章节,我们将把本章学习的内容通过财务分析模型串联起来,把财务分析能力提升一个台阶。

提升篇

|第 2 章|

常见财务分析模型大揭秘

第一章,我们学习了四大财务分析方法:比较分析、比率分析、趋势分析和因素分析。但是在财务分析实战中,我们会发现,如果仅仅用上述方法,只能概括地掌握企业财务状况,如果不能用财务分析模型对企业各类数据进行综合剖析,那么我们的分析就不会太深入,这就是我们需要掌握各类财务分析模型的意义,即把各类财务指标通过各种组合,形成综合分析体系,进而可以更加深入地发现数据变动背后的具体原因。

2.1 杜邦分析模型

杜邦分析法是用来综合分析企业竞争能力以及如何进行改善的方法。杜邦分析公式:净资产收益率 = 销售净利率 × 资产周转率 × 权益乘数。净资产收益率就是企业投入 1 块钱自有资本能够带来多少利润。

但是,单看净资产收益率难以分析出内在原因,这个时候就要用到杜邦分析法了。杜邦分析法将净资产收益率拆成了三个部分,分别是:销售净利率、资产周转率、权益乘数。

销售净利润 = 净利润 ÷ 销售额,该指标衡量的是公司赚钱的能力,如果公司卖了 100 万元的空调,净利润为 10 万元,那么销售净利润就是 10%。

资产周转率 = 销售额 ÷ 总资产,该指标衡量的是公司营运的效率。比如同样是开设一家销售空调的店,甲店铺的总资产是 500 万元,实现的销售额为 100 万元;而隔壁乙也是卖空调的,销售额一样,但是总资产只有 200 万元,那么乙店铺的资产周转率就比较高,也就是单位资产实现的销售额高。

权益乘数 = 总资产 ÷ 所有者权益,又叫作杠杆率,衡量企业负债经营的情况。如果甲的资产一共是 500 万元,其中有 200 万元是跟亲戚借的,300 万元是甲自己投入的,这家店权益乘数就是 500 ÷ 300 = 1.67,也就是说,甲用了 300 万元的投入运营起了一家资产 500 万元的店,说明甲可以用别人的钱与自己的钱来一起赚钱了。

以格力电器举例,该公司 2020 年 9 月净资产收益率为 11.74%,即自己投入资金的收益率是 11.74%,那这个指标是好是坏? 我们可以通过行业数据来看,从家电行业的平均水平看,整个家电行业的平均净资产收益率为 9.54%,如图 2-1 和图 2-2 所示。这么对比着看,发现格力电器在行业内的净资产收益率还是比较高的。

项目	总市值	净资产	净利润	市盈率(动)	市净率	毛利率	净利率	ROE
格力电器	3 639亿元	1 163亿元	137.0亿元	19.92	3.17	23.37%	10.96%	11.74%
家电行业（行业平均）	404.8亿元	93.30亿元	10.76亿元	31.39	4.34	25.70%	-2.83%	9.54%
行业排名	2|53	2|53	2|53	11|53	31|53	36|53	19|53	17|53
四分位属性	高	高	高	高	较低	较低	较高	较高

图 2-1 同行业财务指标对比

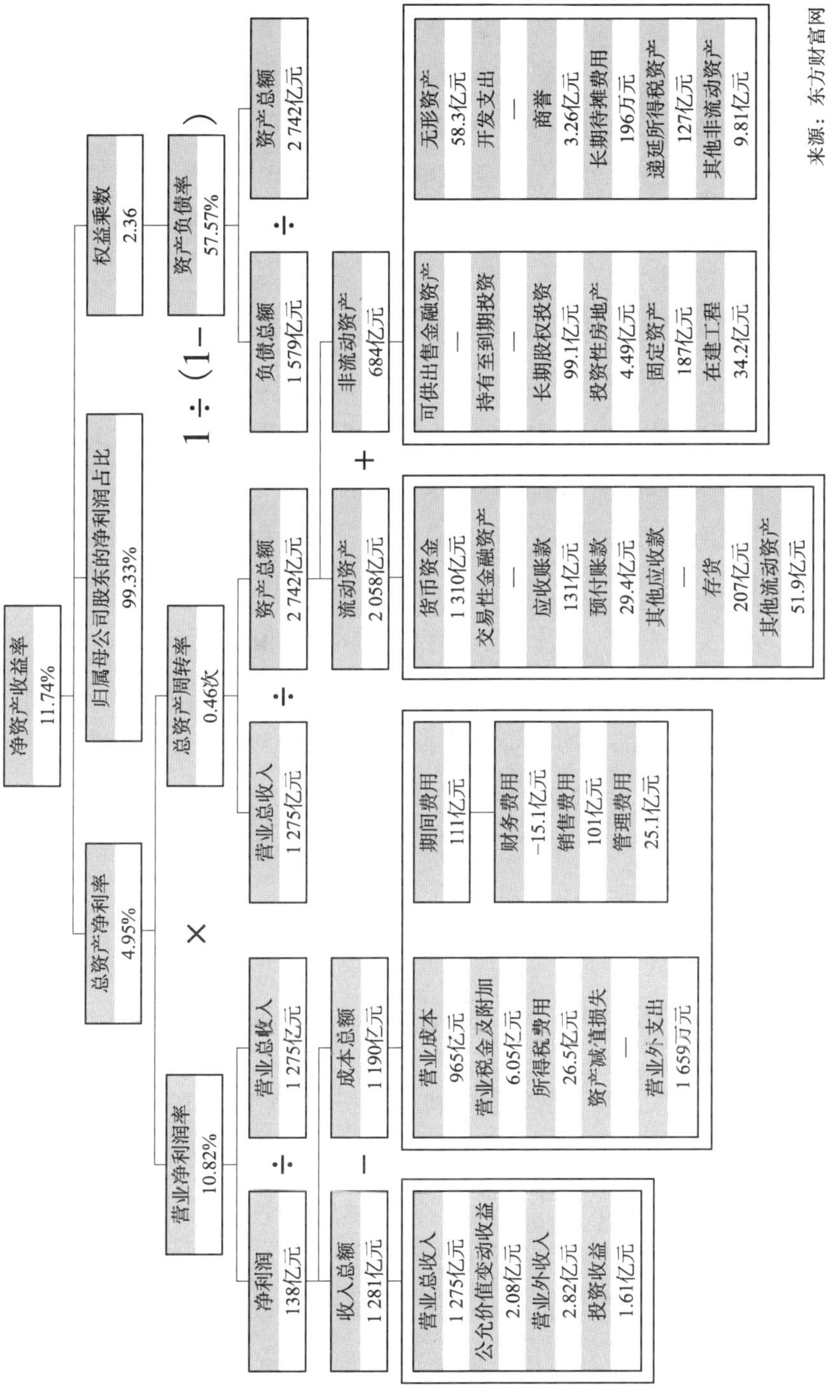

图 2-2 格力空调2020年9月杜邦分析

来源：东方财富网

接着,我们再通过对比海信家电来看,不同企业有何不同。如图 2-3 所示,海信家电的净资产收益率为 11.15%,较格力电器略低一些。通过杜邦分析可以看出,格力电器的营业净利润率(即销售净利润率)为 10.82%,海信的营业净利润率为 5.23%,可以看出格力电器的盈利能力较强,主要原因是格力电器是白色家电(主要包括空调、电冰箱等)的龙头企业,市场占有率较高,产品定价高,收益率也高。而海信家电主要产品是黑色家电(主要包括电视机、音响等),黑色家电属于高度竞争的行业。近年来,小米、华为等都进入到该领域竞争,使得原本就竞争十分激烈的市场,竞争程度更加激烈,无法实现较高的产品溢价,所以收益率自然就低了。这也是为什么格力电器的净资产收益率较海信家电高的主要原因。

另外,通过对比可知,海信家电的总资产周转率和权益乘数都较格力电器的高。说明海信家电的运营效率较高,举债也较格力电器高。通过强化内部管理,玩转财务杠杆,提升了净资产收益率指标值。

对于不同行业而言,净资产收益是相差巨大的。据网络资料,1997年—2007 年美国企业的平均净资产收益率为约 14.5%,即美国企业如果超过这个水平,就算是盈利能力总体水平比较强的企业。在中国,普通企业平均净资产收益率在 8% ~ 15%,高于 15% 的企业是盈利能力比较强的企业,如果高于 25% 那就是盈利能力相当强的企业。

2.2 本量利分析模型

本量利分析是"成本—业务量—利润分析"的简称。它被用来研究产品价格、业务量(销售量、服务量或产量)、单位变动成本、固定成本总额、销售产品的品种结构等因素的相互关系,据以做出关于产品结构、产品定价、促销策略以及生产设备利用等决策的一种方法。

本量利分析主要应用与企业在判定盈亏临界点或保本点的应用中。公式依据是:销售收入 = 变动费用 + 固定费用 + 收益或损失。当盈亏平衡即收益等于 0 时,就是该企业或产品的保本点。

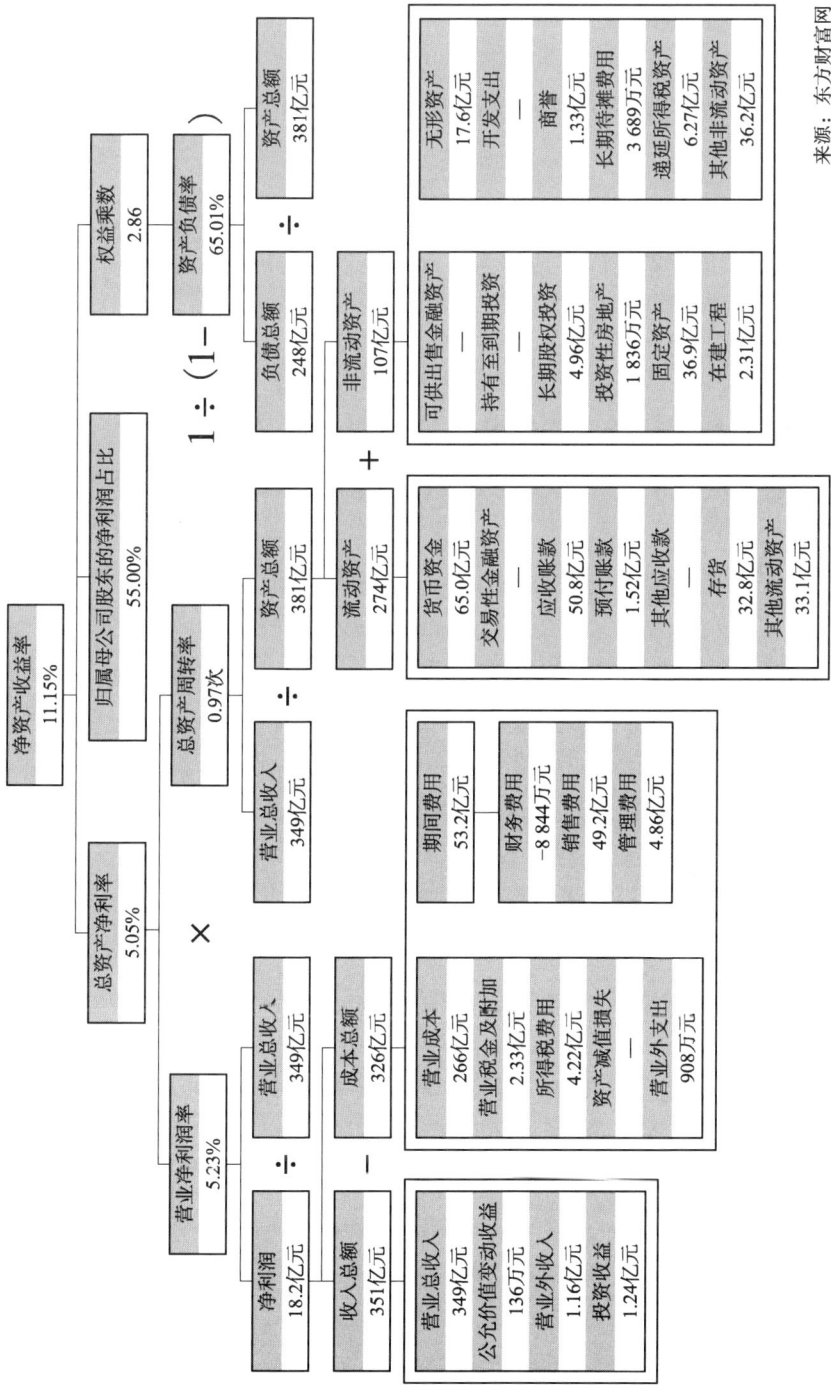

图 2-3　海信家电2020年9月杜邦分析

来源：东方财富网

通过推演,保本点销售量 = 固定费用总额 ÷(价格 – 单位变动成本)。即该产品必须实现这个销售量,才会实现盈利。

举个例子,如果你想开一家奶茶店,每个月的租金是 2 万元,每个月的人工成本 1 万元,假如只卖一种奶茶,每杯奶茶定价 10 元,奶茶成本是 6 元。每月至少卖出多少杯奶茶才不亏本呢?

通过分析,该奶茶店固定成本为 2 万元租金加上 1 万元人工成本,合计为 3 万元;变动成本为 6 元;单价为 10 元。保本点销售量 = 30 000 ÷(10 – 6)= 7 500(杯)。即每月必须要卖出 7 500 杯奶茶,每天必须卖出 250 杯奶茶,你才能不亏本。如果换成保本点销售额,那就是每月必须要实现 75 000 (7 500×10)元,每天要实现 2 500 元的销售额,才能不亏本。所以,如果要想把奶茶店运营下去,每天 2 500 元的销售额就是你必须要努力实现的最基础的日销售额。

如果这家奶茶店要销售多种产品的话,我们就要把公式变化一下。对于多产品的盈亏平衡点销售额的计算,可以用以下公式:盈亏平衡点销售收入 = 固定费用 ÷(1 – 变动成本率)。这个公式的关键是把变动成本率计算出来,比如奶茶店有三种奶茶,销售单价分别为 15 元、10 元和 8 元,成本如果都是 6 元,那么需要先计算出三种产品即整个奶茶店的变动成本率,公式为:变动成本率 = 单位变动成本/价格。那么该奶茶店的变动成本率 =(6 + 6 + 6)÷ (15 + 10 + 8)= 55%,该奶茶店的盈亏平衡点销售收入 = 30 000 ÷(1 – 55%)= 66 667(元),即每天必须卖出 2 222 元才可以实现盈亏平衡。

为什么这次计算的盈亏平衡点销售收入比上一次低?因为我们通过优化产品结构,在成本不变的情况下,提高了其中两种产品的单价,使得我们的盈利能力增强了,盈亏平衡点的销售收入自然就降低了。

在实务当中,其实最难的不是公式计算,而是如何划分变动成本和固定成本,这个才是实务中的痛点。因为在会计核算中,我们是按照会计科目对成本费用进行分类的,分为营业成本、销售费用、管理费用、财务费用等,所以如果想真正把盈亏平衡点计算出来,就需要对按照会计科目核算的成本费用再做重新归类。

以国内某航空公司为例,我们将利润表中的成本费用项目经过重新分类,见表2-1,进而把数据分别归集到变动成本和固定成本中,从而可以计算出每架飞机每天必须飞行不少于 7 小时,才可以实现盈亏平衡。这个例子的意义在于说明:企业在实际财务分析中,一定要灵活地将模型进行转换,才能实现真正的决策应用。

表 2-1 航空公司成本费用重新分类后

重新分类	营业成本	管理费用	财务费用	销售费用	主营业务税金及附加	民航基金
固定成本	高价件摊销、飞机折旧费、飞机大修费、飞机保险费、经营性租赁费,这些费用都不以飞机利用率的改变而改变,因此属于固定成本	房租、水电费、招待费、培训费,基本上不以飞机利用率改变而改变	银行利息也不以飞机利用率的长短而改变,因此可划为固定成本			
变动成本	航油消耗、航材消耗件消耗、起降服务费、餐食供应品费这些费用的发生与飞机利用率有密切关系,随着飞机利用率的增长,这些费用也随着增长			销售费用会随着业务量的增加、飞机利用率的增加而增加,因此属变动成本	随着业务量的增加而增加,属变动成本	根据运输收入增加而增加,也是随飞机利用率的增长而增长,因此属变动成本

2.3 M-Score 模型(判断公司财务造假模型)

曾经,瑞幸咖啡财务造假的新闻引起轰动。无疑,无论是企业内部工作的员工,还是外部投资者,都意识到了财务造假对于一个企业声誉的致命性打击。那么有没有一个财务模型,可以通过把历年的财务数据进行综合分析后,发现企业财务造假的端倪呢? 答案是:有的。

这个模型就是 M-Score 模型,该模型由 Messod Beneish 教授提出,

Messod Beneish 教授称 M-Score 大约有 76% 的预测准确率，同时有 17.5% 没操纵但被冤枉的可能性。

M-Score 模型公式如下：

M-Score = -4.84 + 0.920 × DSRI + 0.528 × GMI + 0.404 × AQI + 0.892 × SGI + 0.115 × DEPI - 0.172 × SGAI + 4.670 × Accruals - 0.327 × LEVI

其中：

DSRI 应收账款指标 =（当年应收账款÷销售额）÷（上年应收账款÷销售额）

GMI 毛利指标 = 上年毛利÷本年毛利

AQI 资产质量指标 =（不包含固定资产的当年非流动资产÷总资产）÷（不包含固定资产的上年非流动资产÷总资产）

SGI 销售增长指标 = 当年销售额÷上年销售额

DEPI 折旧指标 =［上年折旧÷（折旧 + 固定资产）］÷［当年折旧÷（折旧 + 固定资产）］

SGAI 销售管理费用指标 =（当年销管费用÷销售额）÷（上年销管费用÷销售额）

Accruals 负债总额指标 =（营业外收支前的盈余 - 经营活动现金流量）÷总资产

LEVI 杠杆指标 =（当年长期负债 - 当年流动负债）÷（上年长期负债 - 上年流动负债）÷总资产

Beneish 认为，对投资者而言，*M* 超过 -1.78，财务报表存在财务造假的可能性。如果 *M* 小于 -2，财务报表存在被操纵的概率较小。

通过对上市公司财务报表的 *M* 值计算可知，2014 年乐视网的 *M* 值为 2，之后的两年其 *M* 值也大于 -1.78，意味着乐视网的财务报表有被操纵的嫌疑。之后的信息也证实，因欠债额度太大，造血能力不足，导致乐视网要被强制退市。该公司于 2020 年 5 月 14 日收到深圳证券交易所关于公司股票终止上市的决定。

这里要说明的是，M-Score 模型仅可作为判断上市公司财务造假的判断条件之一,并不是完全准确,也有很多公司没有操纵财务报表但被冤枉的。判断一个公司是否存在财务造假,要有石锤才可定音。

2.4　Z-Score 模型(判断公司破产模型)

除了上述的可以判断上市公司财务报表是否有被操纵嫌疑的 M-Score 模型外,还有一个模型可以判断公司是否有存在破产风险的可能。这个模型就是 Z-Score 模型。该模型由爱德华·阿特曼(Edward Altman)在 1968 年发明。Z-Score 模型是以多变量的统计方法为基础,以破产企业为样本,通过大量的实验,对企业的运行状况、破产与否进行分析、判别的系统。

Z-Score 可以分别对上市公司和非上市公司进行判断,模型内容略有不同。

(1)对于上市公司:

$$Z = 0.012X_1 + 0.014X_2 + 0.033X_3 + 0.006X_4 + 0.999X_5$$

判断准则:$Z < 1.8$,破产区;$1.8 \leqslant Z < 2.99$,灰色区;$2.99 < Z$,安全区。

Edward Altman 对该模型的解释是:Z 越小,企业失败的可能性越大,Z 小于 1.8 的企业很可能破产。

①X_1 = 流动资本 ÷ 总资产 = (流动资产 − 流动负债) ÷ 总资产。

这一指标反映流动性和规模的特点。流动资本 = 流动资产 − 流动负债,流动资本越多,说明不能偿债的风险越小,短期偿债能力强。

②X_2 = 留存收益 ÷ 总资产 = (股东权益合计 − 股本) ÷ 总资产。

这一指标衡量企业积累的利润,反映企业的经营年限。

③X_3 = 息税前收益 ÷ 总资产 = (利润总额 + 财务费用) ÷ 总资产。

这一指标衡量企业在不考虑税收和融资影响下,其资产的生产能力的情况,是衡量企业利用债权人和所有者权益总额取得盈利的指标。该比率越高,表明企业的资产利用效果越好,经营管理水平越高。

④X_4 = 优先股和普通股市值 ÷ 总负债 = (股票市值 × 股票总数) ÷ 总负债。

这一指标衡量企业的价值在资不抵债前可下降的程度,反映股东所提供的资本与债权人提供的资本的相对关系,反映企业基本财务结构是否稳定。比率高,是低风险低报酬的财务结构,同时这一指标也反映债权人投入的资本受股东资本的保障程度。

⑤X_5 = 销售额 ÷ 总资产。

这一指标衡量企业产生销售额的能力,表明企业资产利用的效果。指标越高,表明资产的利用率越高,说明企业在增加收入方面有良好的效果。

(2)对于非上市公司:

$$Z = 1.0X_3 + 6.56X_1 + 3.26X_2 + 0.72X_4$$

判断准则:$Z < 1.23$,破产区;$1.23 \leqslant Z < 2.9$,灰色区;$2.9 < Z$,安全区。

通过查阅国内对 Z-Score 的研究,我们借鉴了郭兆在《宏观管理》发表的《Z-Score 模型在我国制造业上市公司财务预警中的实证分析》,该文章以沪深两市 A 股市场 2007 年因财务状况异常而被特别处理的企业作为研究样本。选取了 12 家公司,基于 ST 企业被"特别处理"的前三年资料,即假设上市公司在第 t 年被实施 ST,选取上市公司 ST 之前的第 $t-1$,$t-2$ 和 $t-3$ 年财务数据为样本建立模型。得出结论如下,见表 2-2。

①对 ST 公司的预测。由表 2-2 中可以看出,有 11 家 ST 公司在 $t-1$ 年的 Z 值小于 1.8(ST 三元除外),有的甚至已为负数,这充分说明了公司在被特别处理前一年内其财务状况已经发生了严重的恶化,具有巨大财务危机,预测准确率高达 91.7%;在 $t-2$、$t-3$ 年有 9 家 Z 值小于 1.8,预测准确率为 75%;离 ST 的时间越短,预测的精度越高。前一年的预测精度较高,到了前两年、前三年其预测精度大幅度下降。同时可以看出 ST 公司在被特别处理前三年的会计年度中,其 Z 值都在 2.99 以下,不存在 Z 值大于 2.99 的公司,并且 Z 值呈逐年减小的趋势,这说明 ST 公司在被特别处理前两年乃至前三年,已经显现出财务恶化的隐患。

②对非 ST 公司的预测。由表 2-2 中可计算出三年中对非 ST 公司预

测的准确率平均比例为 93.94%(扣除江淮动力于 2004 年被特别处理的情况)。非 ST 公司 Z 值处于 1.8 ~ 2.99(即处于灰色地带)的平均比例为 49.5%,基本符合规律,非 ST 公司 Z 值大于 2.99 的平均比例为 44.46%,这说明我国制造业上市公司财务状况基本良好,有一定抵御风险的能力。

表 2-2　不同年份制造业上市公司 Z 值得分

序号	公司名称	Z 值			序号	公司名称	Z 值		
		$t-1$ 年	$t-2$ 年	$t-3$ 年			$t-1$ 年	$t-2$ 年	$t-3$ 年
1	ST 建机 (600984)	1.48	2.041	2.147	13	鼎盛天工 (600335)	1.867	1.873	1.942
2	S∗ST 东方 A (000725)	−0.265	0.458	0.685	14	经纬纺机 (000666)	2.246	1.919	1.959
3	ST 自仪 (600848)	−0.076	−0.561	0.133	15	江钻股份 (000852)	3.22	2.682	1.994
4	ST 通科 (600862)	0.963	1.872	1.764	16	青海华鼎 (600340)	1.974	1.969	3.453
5	S∗ST 四环 (000605)	−0.864	0.387	1.087	17	北人股份 (600860)	1.275	1.879	2.262
6	ST 汇通 (000920)	0.861	1.542	1.695	18	全柴动力 (600218)	2.992	1.747	3.03
7	ST 中纺 (600610)	0.87	1.695	1.793	19	国祥股份 (600340)	3.67	3.78	4.14
8	ST 三元 (600429)	2.882	1.819	1.78	20	北矿磁材 (600980)	2.869	4.203	6.129
9	ST 金马 (000980)	0.58	1.676	2.76	21	思达高科 (000676)	3.05	1.85	2.55
10	ST 天宇 (000723)	−0.37	1.12	1.37	22	长征电器 (600112)	3.21	3.03	2.68
11	ST 常柴 (000570)	−0.014	0.81	1.7	23	江淮动力 (000816)	1.7	2.92	2.73
12	ST 亚星 (600213)	0.52	0.5	1.81	24	轻工机械 (600605)	3.22	3.07	3.02

摘自:郭兆,Z-Score 模型在我国制造业上市公司财务预警中的实证分析,宏观管理,2009(1),43-44。

这篇文章也一定程度上验证了,如果我们恰当地使用 Z-Score 模型,对于判断一个公司的财务状况是否有恶化的趋势,是有一定帮助的。

2.5 沃尔比重评分法

沃尔比重评分法是亚历山大·沃尔在其出版的《信用晴雨表研究》和《财务报表比率分析》中提到的信用能力指数的概念。首先,选择七个财务指标,分别给定其在总评价中占的比重,总和为 100 分。其次确定标准比率,并与实际比率相比较,评出每项指标的得分。最后求出总,以此来评价企业的信用水平,即企业综合财务状况是否良好。如果实际得分等于或接近 100 分,说明企业的财务状况是良好的,达到了预先的标准;如果实际得分远远低于 100 分,说明企业的财务状况较差,应当采取适当的措施加以改善;如果实际得分远远超过 100 分,则说明企业的财务状况很理想。沃尔比重评分法的具体应用,见表 2-3。

表 2-3　沃尔比重评分法

财务比率	比重	标准比率	实际比率	相对比率 (实际比率÷标准比率)	评分 (比重×相对比率)
流动比率	25	2	2.33	1.17	29.25
净资产÷负债	25	1.5	0.88	0.59	14.75
资产÷固定资产	15	2.5	3.33	1.33	19.95
销售成本÷存货	10	8	12	1.5	15
销售额÷应收账款	10	6	10	1.67	16.7
销售额÷固定资产	10	4	2.66	0.67	6.7
销售额÷净资产	5	3	1.63	0.54	2.7
合计	100				105.05

沃尔比重评分法从技术上讲,有三个缺陷。

第一,比重和标准比率的查找工作比较困难。每个指标的比重确定为多少,应该是每个企业不同的,需要根据企业自身特点进行调整。标准比率的查找也是比较困难,有的行业根本就没有标准数据,可以转变为行业最优值或者历史最优值。

第二,目前找不到足够合理的理由说明选择这七个指标的合理性,是增加一个还是减少一个,或者多增加几个才能分析出企业财务状况是否良好?很难有人能说清楚,这需要我们积累很多的行业和企业经验,并对该指标体系进行科学改造,才能适用到我们自己的企业。

第三,当某一个指标严重的异常时,会对总评分产生不合逻辑的重大影响。这个问题是由相对比率与比重相"乘"引起的,财务比率提高一倍,其评分增加100%;而缩小一半,其评分只减少50%。

为了克服上述缺陷,我们可以将沃尔比重评分法进行改造。一般认为企业财务评价的内容主要是盈利能力,其次是偿债能力,此外还有成长能力。它们之间大致可按5:3:2来分配比重。然后各项主要能力的细分指标,可以选取典型指标进行设计,细分指标的比重可以按照对行业和企业特点的摸查,进一步设定好,见表2-4。

表2-4 改造后的沃尔比重评分法

指　　标	比　　重	标准比率%
盈利能力		
总资产净利率	20	
销售净利率	20	
净值报酬率	10	
偿债能力		
自有资本比率	8	
流动比率	8	
应收账款周转率	8	

续表

指 标	比 重	标准比率%
存货周转率	8	
成长能力		
销售增长率	6	
净利增长率	6	
人均净利增长率	6	
合 计	100	

标准比率设置为空白,读者肯定纳闷,这怎么还是空白的呢? 让我们去哪里找? 这里给大家推荐一本书,就是国务院国资委考核分配局编写的《企业绩效评价标准值》,这本书每年都会出版一次,里面有各个行业的财务数据标准值。例如,家用影视设备制造业的净资产收益率(%),优秀值是9.4,良好值是6.2,平均值是3.8。我们在进行标准比率设计的时候,可以选取平均值3.8,如果想实现更好的收益目标,也可以选择良好值6.2,见表2-5。

表 2-5 家用影视设备制造业行业绩效评价指标值

家电影视设备制造业				
范围:全行业				
项 目	优秀值	良好值	平均值	较低值	较差值
一、盈利能力状况					
净资产收益率(%)	9.4	6.2	3.8	-2.3	-5.2
总资产报酬率(%)	6.6	4	2.9	0.2	-3.2
销售(营业)利润率(%)	12	9.3	5.5	1.4	-8.5
盈余现金保障倍数	3.5	1.8	0.8	-1.9	-4.8
成本费用利润率(%)	8.5	7.1	6.2	1.9	-4.8
资产收益率(%)	11.1	8.4	6.3	2.8	-5.1

本章小结

　　这个章节,我们学习了五种常见的财务分析模型:杜邦分析模型、本量利分析模型、M-Score 模型,Z-Score 模型和沃尔比重评分法。这些模型可以让我们的分析更加系统,大脑中形成分析框架,进而让我们的财务分析更加系统和有针对性。

进阶篇

| 第3章 |

从行业研究报告和商业模式看财务分析

3.1　从行业研究报告挖掘财务分析素材

想写好财务分析的话,只有财务指标的标准值还不够,我们还需要对公司所处的行业有深入的了解,才能使财务分析更加有高度和深度。这就要靠我们平时多研读行业分析报告了。

那么,行业分析相关的信息从哪里搜集呢?

第一,可以从投资类、VE/PE 各类财经网站上及大型咨询公司网站(例如麦肯锡等)上查找。

第二,可以从各类财经期刊、杂志上以及行业相关的书籍中查找。

第三,可以从各类搜索引擎,例如百度等查找。

第四,可以从各类专业网站,例如知乎、雪球等查找。

第五,可以从行业协议、业内新闻,公司年报及公告中查找。

了解了从哪里找到行业分析相关信息,我们还需要知道哪些内容能让我们的财务分析写出实际效果。

第一,这个行业可以分为哪几个细分行业? 例如,家电行业可以分为白色家电、黑色家电、小家电和厨电。

第二,每个细分行业都有哪些企业? 行业格局如何? 例如,白色家电中的龙头企业包括格力电器、美的电器和海尔电器等。在空调细分领域,格力电器的空调产品占整个市场份额的 30% 左右,美的电器占整个市场份额的 20% 左右,海尔占整个市场份额的 10% 左右,以上三大家电品牌的空调就占据了整个空调市场的约 60%,可以说,竞争格局非常明显。

第三,细分行业的市场增速如何? 市场规模多大? 盈利情况如何。例如,空调这个细分市场,根据现有人口和空调保有量,假设 2022 年国内市场预计有 9 000 万台的空调需求,格力电器的现有市场份额 30%,那么格力电器 2022 年的空调销售量就可以预测大约为 3 000 万台。当然,这只是大概的测算,企业具体的年度销售预测还需要很多因素综合分析后才能得出结论。但是,经过这么一测算,我们心里也有个大概了。

第四,影响这些细分行业未来发展的驱动因素有哪些? 这些因素会在未来如何变化。例如,空调市场的影响因素包括国家环保政策的调整,空调核心技术的创先以及空调售后和安装能力等。这些都是白色家电企业能否保持持续增长的重要影响因素。举个例子,如果国家进一步提升环保标准,要求空调必须满足更高的环保技术要求,达不到标准的一律不得进入市场,那么很多在空调这个细分领域里的小企业就面临退出市场的风险,而这个因素,对格力电器等大型的空调制造企业却是利好消息,因为他们有技术、有能力达到更高的标准,进而会使得整个空调市场面临一次洗牌。

我们来看一个行业分析的例子,帮助大家进一步理解行业分析的应用。

根据观研天下发布的《2018—2023 年中国母婴用品产业市场规模现状分析与投资前景规划预测报告》部分内容以及网络公开资料。我们对母婴用品产业进行一个简单分析。

1. 母婴行业的市场规模

2021 年预计超过 4.6 万亿元,2024 年超过 7.5 万亿元,每年平均约 16% 的增长。

2. 母婴行业的影响因素

(1)国家开放三孩政策,使得国内人口会持续增加。这为母婴市场打下了人口基础,预计随着人口的增加,母婴行业的市场规模总量还会持续增加。母婴行业内的个体公司,依据这个信息,可以预期公司的产品销量规模还会持续增长。

(2)随着国家经济的发展,国民人均可支配收入持续增加。2020 年,全国城镇居民人均可支配收入 43 834 元,比上年名义增长 3.5%。这意味着,母婴产品的定价也可以随着人民个性化需求的增加而进一步提高。

(3)随着消费群体的更迭,母婴产品主要消费者由 80 后过渡到了 90 后,之后再由 90 后过渡到 00 后,每代人的消费理念和习惯是有巨大差异的。随着消费升级,母婴产品创新也是这个时代必需的。

(4)随着技术发展,以前主要靠直营店和加盟店销售的渠道模式将有所转变,随着新零售等新概念的兴起,线上销售等新的渠道模式将代替部分老的渠道模式,母婴产品公司需要意识到这个变化,提前做好销售团队建设和销售渠道建设。

3. 母婴行业的产业链

母婴行业产业链主要分为上游、中游和下游。上游主要是由生产母婴产品的企业构成。中游主要是由渠道企业构成,即通过什么方式把东西卖给消费者,是通过淘宝卖还是实体店卖。下游就是母婴产品的最终消费者。

举个例子,上游产品包括玩具、安全椅、纸尿裤、童装、婴儿车、医疗保健品、婴儿食品等,服务包括月子中心、婴幼儿早教等;中游包括对孕妇或婴童的产品或服务交付,主要是通过线上或实体门店方式卖给消费者。

4. 母婴行业关注的主要指标

从以上四个方面,我们对母婴行业的总体概况、产业链情况、细分市场、竞争格局以及主要产品细分领域有了一个大概了解。接下来,因为我们最终要做的是公司内部财务分析,所以我们也要对母婴行业关注的具体指标进行分析。

通过查阅知乎网的《母婴产品数据背后的秘密之分析思路》,我们了解到,母婴行业重点关注的指标包括订单数、订单金额、连带率、复购率、平均购买次数、频次、分品类货品销售金额、人效、坪效、客单价、货品流失率、存销比、销售的折扣。

通过沃尔比重分析法的思路，设计一张表格，将企业历史数据进行整理，把预算数据放进去。如果可以的话，还可以把主要竞争对手的数据放进去，进而从这些重点关注指标中发现企业存在的问题，作为我们财务分析重点剖析的内容，如图 3-1 所示。

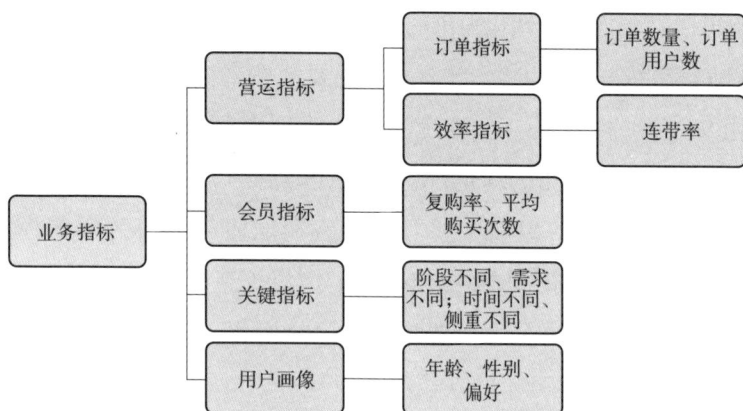

图 3-1　母婴行业重点关注的指标

注：图片来自知乎网的"母婴产品数据背后的秘密之分析思路"

5. 其他重点关心的问题

企业内部财务分析重点关注企业自身，所以了解行业概况，最终还是要为我所用。除了上述要关注的信息外，我们还要了解掌握行业内存在的风险是什么，这对我们的财务工作来说很重要，因为经营风险往往会变成财务风险，所以关注到了风险，我们可以提醒老板及时调整经营方向或是及时采取相关举措避免风险太大给企业带来灭顶之灾。另外，我们还需要关注行业内的投资情况，投资机构的动态往往是行业企业的晴雨表。如果投资活动非常频繁，投资估值都很高，那么意味着这个行业发展是相当有潜力的；反之，如果行业内投资活动较少，估值较低，意味着这个行业要么是夕阳产业要么是因为某些其他原因不被看好，这个时候我们就要小心谨慎查明原因，并做好资金储备，防止行业发展受阻而导致企业资金断流。最后，还是要着眼未来，对行业未来的发展趋势和未来发展重点做出判断，为企业的发展方向提供决策建议。

3.2　以商业模式画布看透企业运营实质

商业模式简单说,就是一个企业如何安排人力、财力、物力等各类资源,生产出实体产品或者提供某种服务,交付到消费者的手中。企业不断重复这个过程,让自己处于可持续发展状态。

这里给大家举几个商业模式的例子,有利于读者快速掌握商业模式的概念。

大家比较熟悉最简单的商业模式就是店铺模式,也就是企业生产出来产品,通过实体店铺销售到消费者的手中,这是最传统、最简单的商业模式。

之后,出现了"饵与钩"模式,在这种模式下,基本产品售价往往定得很低,不赚钱甚至亏损,但是耗材或者后续服务的价格就比较昂贵,企业往往通过提供耗材或者后续服务赚钱。例如,吉列剃须刀,虽然刀架很便宜,但是因为消费者后续需要买很多刀片且刀片贵,这样两边一平衡,企业就赚到了钱。

再接下来,是"硬件 + 软件"模式。例如,买了苹果手机,想下载软件应用,还必须在苹果应用商店上付费购买。想听音乐? 继续花钱买……总之,只要一直使用苹果手机,就需要一直进行后期的软件消费。

随着电子商务的发展,也出现了很多基于互联网的商业模式。例如,O2O即 online to offline,将线下商务的机会与互联网结合在一起,让互联网成为线下交易的前台。这样线下服务就可以用线上来揽客,消费者可以用线上来筛选服务,还有成交可以在线结算。包括大家熟知的上门按摩、上门送餐、上门生鲜、上门化妆、滴滴打车等,都可以算作 O2O 模式的代表。O2O 模式比较适合在餐饮业、服务业、团购等领域开展。

另外,还有 B2B,即 business-to-business 的缩写,中文意思是"商对商",指企业之间提供产品或服务。B2C 即 business-to-customer 的缩写,中文意思是"商对客",指直接面向消费者销售产品和提供服务的商业零售模式。C2C 即 Customer to Customer,中文意思是消费者个人间的电子商务行为。按照公开网络资料的说法就是,B2B 有三宝:企业、中介、沟通好,典型的代表企业有阿里巴巴、慧聪网、上海钢联、怡亚通、找钢网等;B2C 有三宝:品牌、渠道、销售好,典型的代表企业有当当、京东等;C2C 有三宝:你开、我买、支付宝,典型的代表企业有淘宝、洋码头等。

现在我们已经对商业模式有个初步的概念了,知道商业模式是随着经济和技术发展逐步演化的,每个企业都有自己的商业模式。那么问题来了,怎样剖析自己企业的商业模式,让我们在做财务分析的时候,有一个全景式的视角,帮助我们更好地分析企业的问题呢?

答案就是商业模式画布。由亚历山大·奥斯特瓦德和伊夫·皮尼厄编写的《商业模式新生代》一书中提出了商业模式画布模型。商业模式画布的价值就在于它准确地告诉你,只要思考完九个方面的问题,你的商业模式就一定是理性的、思考全面的。

商业模式画布的九个方面分别包括什么? 首先,看商业模式画布的基础模型,即把企业商业模式分为五个方面进行剖析,如图 3-2 所示。

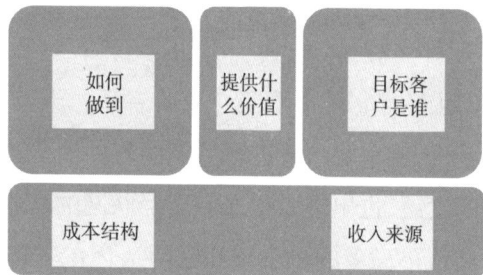

图 3-2　商业模式画布基础模型

(1)提供什么价值。即说清楚企业是做什么的。例如,小米手机给大众提供高性价比手机,神州租车、滴滴约车为大众提供出行服务。

(2)目标客户是谁。即说清楚企业的目标客户。例如,小米手机的目标客户是性能手机发烧友,神州租车目标客户是经常出差的商旅人士,滴滴约车的目标客户是方便出行的用车民众。

(3)如何做到。想实现企业价值,就必须为目标客户提供产品和服务。例如,小米手机需要制造出高性价比的手机;神州租车需要通过线上预约,线下设置好取车点,供商旅人士租用;滴滴约车需要给司机和打车人提供约车平台。

(4)收入来源。即怎么赚钱。如你的收入是来源于销售手机,后续的软件服务则通过搭建平台收取佣金抽成。

(5)成本结构。要做到以上的事情是需要资金的,例如厂房投入、设备投入、人力投入等。制造型企业的主要直接成本是产品成本,服务型企业的主要直接成本是人力成本。每个企业的成本结构各有特点。

其次,看商业模式画布的扩展模式。我们把"目标客户"和"如何做到"两个模块向下扩展。

"目标客户"可以扩展为以下模块:

● 客户关系,即我们如何拓展客户和维护客户关系。是通过登门拜访客户,还是利用客户资源管理系统进行维系?

● 客户细分,即把客户进行细分。例如,按照客户订单大小,分为重要客户、一般客户和小客户;按照地区分为东北地区、华北地区、西北地区。

● 渠道通路,即怎么把东西卖给客户。是通过超市进行售卖?还是通过网络平台售卖?还是通过自营门店或者代理商售卖?渠道通路不一样,商业模式就不一样,有的企业做直销,有的做分销,还有的企业做定制服务,各有各的特点。

"如何做到"可以扩展为以下模块:

● 核心资源,就是有资源才能赚钱。例如,你要制造手机,就必须有厂房、设备、技术为专业人员;你要做培训机构,就需要有品牌和老师;要做杂志,就要有刊号;要做航空,就要有相关部门的授权和牌照。

● 关键业务,就是企业赖以生存的能力。例如,苹果手机制造商会设计产品,富士康会代工生产,培训机构要有专业的讲师团队和课程研发能力。

● 重要合作,就是不能单打独斗,需要与其他机构共同合作,实现企业价值。例如,肯德基有固定的鸡肉供应商,苹果手机代工需要找富士康。

这样,做好右边的客户关系、客户细分和渠道通路就有了实现收入的能力。做好左边的关键业务、重要合作以及核心资源,就必须要投资,形成企业的成本结构。最终八个模块都为中间的价值主张服务,使得企业形成自己的核心竞争力,如图 3-3 所示。

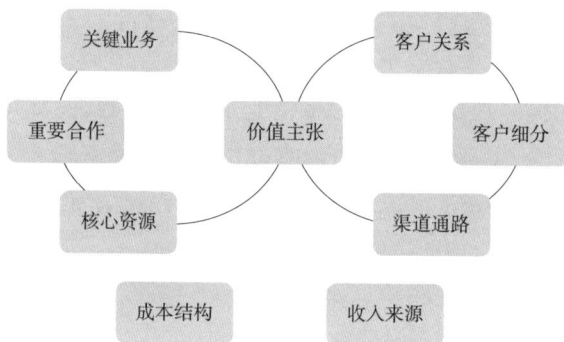

图 3-3　商业模式画布扩展模式

我们以小米为例,来看一下如何应用商业模式画布对一个企业的商业模式进行分析,如图 3-4 所示。

重要伙伴（KP）	关键业务（KA）	价值主张（VP）	客户关系（CR）	客户细分（CS）
合作企业	软件+硬件+互联网	为"发烧"而生	用户黏度	个人用户 运营商
	核心资源（KR） 软件技术 电商平台		渠道通路（CH） 网络平台	
成本结构（C$） 平台维护　　手机硬件　　软件开发			收入来源（R$） 网络广告　　产品服务　　周边产品	

注:图片来自网络

图 3-4　小米的商业模式

①价值主张:小米以为发烧友而生的价值观来打造产品差异化、服务差异化、形象差异化。

②客户细分:小米的客户包括个人用户和运营商。个人用户是指喜欢物美价廉的通信产品的年轻消费群体;运营商指移动、联通、电信等通信服

务运营商。

　　③渠道通路:小米以网络平台为主要渠道,还有可利用的合作伙伴的渠道。

　　④客户关系:小米以社区方式为主,来提高用户黏性,除此以外还有个人助理(销售代表)、自动服务、专用个人助理、自动化服务。

　　⑤收入来源:包括网络广告、产品服务、周边产品。周边产品是小米品牌衍生的家用电器产品等。

　　⑥核心资源:包括小米的软件技术和电商平台。这些都是小米赖以生存的关键。

　　⑦关键业务:铁人三项——硬件、软件、互联网服务。

　　⑧重要伙伴:富士康、凡客诚品负责小米商城物流。

　　⑨成本结构:平台维护、手机硬件、软件开发。

　　叙述完商业模式画布的基本原理,我们再谈如何将商业模式画布应用到实际工作中。我们可以找三家企业,通过企业网站了解商业模式画布九大模块的内容,另外,尽量找到企业内部人士进行访谈,进而对网络上了解的信息进行修正。经过几次练习,你的头脑中就会自然而然地出现这个模型,然后对自己的企业也按照这个模型进行剖析。随着练习的增多,你会对企业运营的认识越来越深入。当做财务分析的时候,哪个数据出现问题,你会立刻意识到企业运营哪块出现了问题,这样在写数据变动原因的时候,就会更加驾轻就熟。从此,财务分析对你来说就是小菜一碟。

本章小结

　　这一章,我们了解到行业分析报告可以让我们对公司所处的行业有深入的了解,使我们的财务分析更加有高度和深度;也学习了商业模型和商业模式画布的基本概念。相信通过本章的学习,读者们会打开新的视野,从通过行业报告了解公司的外围情况到通过商业模型深入挖掘公司的内部运营规律,让我们的财务分析素材更加丰富。

工具篇

第4章

自动化财务分析模板的制作

通过前几章的学习，相信读者们对财务分析有了深入的了解，已经跃跃欲试，但是，真正动起手来，会发现，想写好一份财务分析，软件工具是非常重要的。常见的财务分析软件工具包括 Excel、Word、PPT、思维导图等，从第4章至第8章，我将揭晓如何使用这些常用的软件工具做好我们的财务分析。

在说第一个工具 Excel 之前，我们先聊聊常见的财务分析架构如何搭建。

我们在学校的时候，学到的财务分析架构，其实是为了进行基础技能积累用的，现实职场中，用到的财务分析架构往往会让你对之前学过的知识产生怀疑，这个是很正常的。实际上，这是因为企业业务都是个性化的，企业文化也不同，行业更是千差万别，课本上教授的财务分析，只是给我们打下了一个知识基础，在实际工作中，我们需要把所学到的东西，进行重新组合，建立符合我们实际用途的财务分析架构。正所谓：师傅领进门，修行在个人。

下面，我们将学术性财务分析结构和财务职场实战分析结构进行一下对比，让我们更好地埋解财务分析如何持续提高。

4.1 学术型财务分析结构

所谓学术型财务分析也就是我们在大学的课堂上学到的财务分析。这种财务分析主要是从外部角度对一个企业的各个方面进行总体分析,因为这类分析的数据主要是来自三表及部分报表披露信息,没有更多的企业内部信息,所以只能从财务指标之间的钩稽关系以及与行业同类指标的对比中发现一些问题。学术型财务分析是实战型财务分析的基础。

常见学术型财务分析架构举例如下:

(1)企业简介。对企业业务、行业等进行简介。

(2)总体分析。总体经营及财务状况,主要是将资产负债表、利润表及现金流量表(以下简称三表)的重要数据进行概括。

(3)发展能力分析。对营业收入、营业利润、净资产收益率等增速进行分析。

(4)盈利能力分析。按照产品、业务板块、公司等进行盈利能力分析。

(5)营运能力分析。通过分析流动资产、固定资产、总资产周转率等,对企业的资产变成收入的周转速度进行评价。

(6)偿债能力分析。包括短期偿债能力和长期偿债能力,这里也是利用三表进行分析。

(7)用模型分析,如杜邦分析、PEST、SWOT 等。

4.2　财务职场实战财务分析结构

财务职场实战中,财务分析结构是各种各样的,每个企业因为行业不同,业务不同,财务分析结构也不一样。可以说,没有两个企业的财务分析结构是完全一模一样的。这里,结合笔者和数十位财务经理的职场经验,给大家介绍一个通用的财务分析结构。读者可以根据企业的实际情况,对结构进行修改并使用。

(1)经营环境分析。地方 GDP、CPI、就业人数、旅游人数、新入学人数、重大经济或行业政策变革、行业动态以及竞争对手动态。

(2)主要 KPI 完成情况。生产(服务)量分析、订单分析,收入分析,成本费用分析,利润分析,运营资本分析,资金缺余分析,质量及安全,投资情况。

（3）上期重大问题整改情况。

（4）下期预测及重点工作

财务分析架构主要注重管理工具的落地，让整个财务分析按照企业设定的战略目标，逐步推动各项工作的落地，结合全面预算、考核等，形成预算、报告、绩效的闭环管理。此外，对企业发展情况的预测也非常重要，这种企业内部的预测事关企业的生死存亡，包括订单是否充足，产能是否够用，盈利能力是否能够满足股东要求，现金流是否充足等。强调业财融合，财务必须与业务部门联手进行。

另外，在某些经营分析会上，还会做一些专题分析。例如，投资是否进行，团购方案是否可行，有必要继续投入广告宣传吗？等等。这些问题都需要财务帮助支撑决策。由于每个公司的业务不同，经营模式不同，所在行业不同，各个公司的财务分析也是千差万别的，这是对财务人员的一种挑战，更是财务分析的魅力所在。

4.3 Excel 版本自动分析模板的搭建

刚才我们说了财务分析的分类以及财务分析的结构，现在我们还是回到 Excel 的应用中来。Excel 在文字型的财务分析中，能起到什么作用呢？答案是自动生成！没错，财务分析也能自动生成。不过，这里能够自动生成的是针对常规性的结构不变的通报性财务分析，例如，公司本年利润 12 000 万元，同比增长 200 万元，增幅 20%，比预算增加 100 万元，较预算进度高 10%。类似这样通报性的文字性表述，我们其实不用每个月录入到 Word 中，用 Excel 自动生成就行了。

Excel 版本自动分析模板的搭建主要利用公式。首先，我们建立两张表格，一张是展示表，另外一张是基础数据表。展示表用于生成自动分析，基础数据表用于存放基础数据以及生成自动分析的公式。

制作步骤如下：

STEP 1:构思展示表的结构及词句顺序。如图 4-1 所示,我们设计分析报告的标题名称为"ABC 公司经营效益分析",然后在其下面画上边框横线,用于区分标题及正文。接着是日期,第一部分分析名称,接下来为分析正文。正文内容先空着,一会由基础数据表自动生成。

ABC公司经营效益分析

20×2年

一、收入情况分析

20×0年1-12月,尽管公司收入有所下滑,但基本符合预期。

具体如下:

公司收入合计1,362,581万元.同比减少16,336万元,较预算进度减少-147,419万元,较预算进度减少-10%

其中:

产品A85,014万元.同比增加20,722万元,较预算进度增加115,014万元,较预算进度增加21%

产品B120,000万元.同比增加30,215万元,较预算进度增加40,000万元,较预算进度增加50%

产品C78,482万元.同比减少3,867万元,较预算进度减少-1,518万元,较预算进度减少-2%

产品D61,202万元.同比减少19,521万元,较预算进度减少-18,798万元,较预算进度减少-23%

产品E200,000万元.同比增加115,130万元,较预算进度增加120,000万元,较预算进度增加150%

产品F110,000万元.同比增加30,357万元,较预算进度增加30,000万元,较预算进度增加38%

产品G91,061万元.同比增加11,869万元,较预算进度增加11,061万元,较预算进度增加14%

图 4-1 自动分析模板展示表

STEP 2:构建基础数据表。基础数据表中由两部分组成,一部分是原始数据区域,另一部分是数 据转化区域。

原始数据区域按照我们需要的数据内容进行填充,包括字段及数据有本年数、上年数、增加额、增长率、全年预算数、比预算增加。预算进度、正常预算进度、比预算增幅,如图 4-2 所示。

数据转换区域中要对基础数据区域的数据进行两种方式的处理,一种处理方式是直接引用或输入,即在单元格内直接等于基础数据表中的数据或手工输入文字。例如 L3、M3 这两个单元格中的产品名称和本年销售额

17 =D17/C17

原始数据区域									
	20×2年	20×1年	增加额	增长率	全年预算数	比预算增加	预算进度	正常预算进度	比预算增幅
产品A	85,014	64,292	20,722	32%	70,000	15,014	121%	100%	21%
产品B	120,000	89,785	30,215	34%	80,000	40,000	150%	100%	50%
产品C	78,482	82,349	-3,867	-5%	80,000	-1,518	98%	100%	-2%
产品D	61,202	80,723	-19,521	-24%	80,000	-18,798	77%	100%	-23%
产品E	200,000	84,870	115,130	136%	80,000	120,000	250%	100%	150%
产品F	110,000	79,643	30,357	38%	80,000	30,000	138%	100%	38%
产品G	91,061	79,192	11,869	15%	80,000	11,061	114%	100%	14%
产品H	54,798	76,289	-21,491	-28%	80,000	-25,202	68%	100%	-32%
产品I	62,265	97,055	-34,790	-36%	80,000	-17,735	78%	100%	-22%
产品J	23,879	98,390	-74,511	-76%	100,000	-76,121	24%	100%	-76%
产品K	92,536	86,188	6,348	7%	100,000	-7,464	93%	100%	-7%
产品L	38,395	84,720	-46,325	-55%	80,000	-41,605	48%	100%	-52%
产品M	74,712	46,260	28,452	62%	100,000	-25,288	75%	100%	-25%
产品N	25,691	38,611	-12,920	-33%	80,000	-54,309	32%	100%	-68%
产品O	38,695	64,945	-26,250	-40%	100,000	-61,305	39%	100%	-61%
产品P	70,655	77,660	-7,005	-9%	80,000	-9,345	88%	100%	-12%
产品Q	82,691	55,314	27,377	49%	80,000	2,691	103%	100%	3%
产品R	52,505	92,631	-40,126	-43%	80,000	-27,495	66%	100%	-34%

数据转化区													
产品A	85,014	万元	.同比	增加	20,722	万元	，较预算进度	增加	15,014	万元	，较预算进度	增加	21%
产品B	120,000	万元	.同比	增加	30,215	万元	，较预算进度	增加	40,000	万元	，较预算进度	增加	50%
产品C	78,482	万元	.同比	减少	3,867	万元	，较预算进度	减少	-1,518	万元	，较预算进度	减少	-2%
产品D	61,202	万元	.同比	减少	19,521	万元	，较预算进度	减少	-18,798	万元	，较预算进度	减少	-23%
产品E	200,000	万元	.同比	增加	115,130	万元	，较预算进度	增加	120,000	万元	，较预算进度	增加	150%
产品F	110,000	万元	.同比	增加	30,357	万元	，较预算进度	增加	30,000	万元	，较预算进度	增加	38%
产品G	91,061	万元	.同比	增加	11,869	万元	，较预算进度	增加	11,061	万元	，较预算进度	增加	14%
产品H	54,798	万元	.同比	减少	21,491	万元	，较预算进度	减少	-25,202	万元	，较预算进度	减少	-32%
产品I	62,265	万元	.同比	减少	34,790	万元	，较预算进度	减少	-17,735	万元	，较预算进度	减少	-22%
产品J	23,879	万元	.同比	减少	74,511	万元	，较预算进度	减少	-76,121	万元	，较预算进度	减少	-76%
产品K	92,536	万元	.同比	增加	6,348	万元	，较预算进度	减少	-7,464	万元	，较预算进度	减少	-7%
产品L	38,395	万元	.同比	减少	46,325	万元	，较预算进度	减少	-41,605	万元	，较预算进度	减少	-52%
产品M	74,712	万元	.同比	增加	28,452	万元	，较预算进度	减少	-25,288	万元	，较预算进度	减少	-25%
产品N	25,691	万元	.同比	减少	12,920	万元	，较预算进度	减少	-54,309	万元	，较预算进度	减少	-68%
产品O	38,695	万元	.同比	减少	26,250	万元	，较预算进度	减少	-61,305	万元	，较预算进度	减少	-61%
产品P	70,655	万元	.同比	减少	7,005	万元	，较预算进度	减少	-9,345	万元	，较预算进度	减少	-12%
产品Q	82,691	万元	.同比	增加	27,377	万元	，较预算进度	增加	2,691	万元	，较预算进度	增加	3%
产品R	52,505	万元	.同比	减少	40,126	万元	，较预算进度	减少	-27,495	万元	，较预算进度	减少	-34%

图 4-2 自动分析模板基础数据表

数据直接来自基础数据表，N3 和 O3 中的“万元”及“同比”，是连接词语用的，直接手工输入即可。另外一种处理方式是需要公式进行判断和转换的，主要判断数据是增长还是减少，转换主要是将数字格式的数据转换为文本形式。例如 P3 单元格内的公式是“ = IF(D3 > 0, "增加" , "减少")”，意思是如果 D3 单元格(增加额)数据为正数，就显示文字“增加”，负数则显示文字“减少”，O3 单元格内的公式是“ = TEXT(ABS(D3) , "#,##0")”，意思是对 D3 单元格内的数据先取绝对值，然后再转换为以会计专用格式显示出来的文本型数字。

这样在数据转换区设置好第一行后，将内容及公式向下拖拽，即可生成自动分析所用的数据转换区的所有数据了。

STEP 3：创建文字自动分析。在分析表的 B6 单元格内插入 CONCATENATE 函数，然后将数据转换区的所有数据，按照单元格顺序，一个一个输入到参数中，如图 4-3 所示。函数设置好后，所有的文字形成了一个完整的句子。其他单元格也是同样设置，设置好后，就形成了如图 4-1 所示的自动分析展示表。

每个月我们在进行分析时，只需要替换基础数据表中的数据，所有的文字分析就会自动更新，以后再也不用手工做分析了！

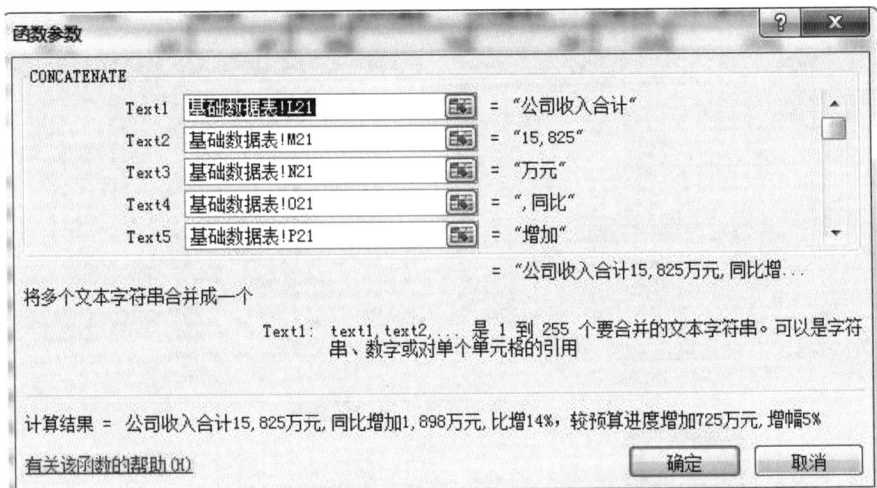

图 4-3　在 CONCATENATE 函数中输入参数

4.4　Word 版本自动分析模板的搭建

　　单单一个 Excel 版本的自动分析模板满足不了日常需求,有的时候,我们需要将其转换为 Word 版本的分析,那么怎么转换? 非常简单,只需要两个步骤。

　　STEP 1:设计好 Word 模板。如图 4-4 所示,先设计好 Word 模板,写好大标题及小标题,内容区域空着待用。

图 4-4　设计好 Word 模板

8

STEP 2：复制 Excel 模板内容至 Word。复制刚才制作好的 Excel 自动分析模板中的展示表中生成的文字，回到 Word 中，粘贴。注意：这里的粘贴选项要选择"只保留文本"，如图 4-5 所示。然后调整字体字号，最终效果如图 4-6 所示。

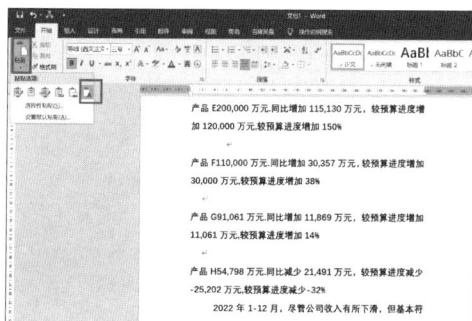

图 4-5　粘贴选项选择"只保留文本"

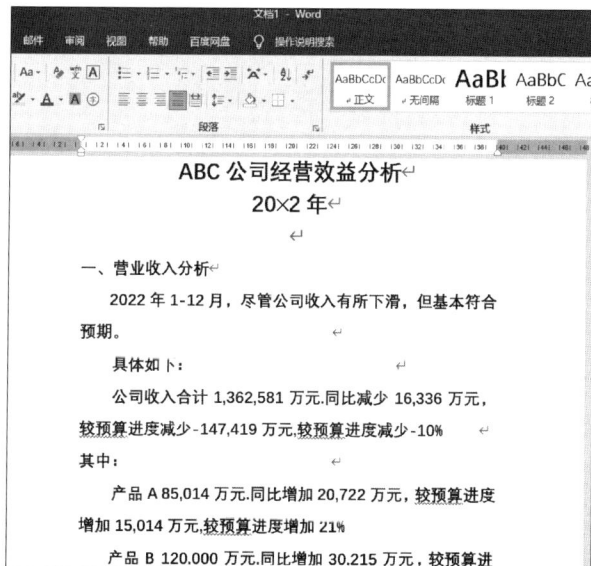

图 4-6　最终效果

本章小结

这一章,我们初步感受了软件工具对财务分析的帮助有多大。可以说,软件工具用好了,对财务分析工作可以起到事半功倍的作用。

|第5章|

思维导图在财务分析中的应用

思维导图对财务分析的思路梳理可以起到非常巨大的帮助作用。其实,很多人的逻辑不清晰,想不清楚事情,把握不住关键,主要是思路不清。例如,笔者的许多读者经常会询问以下问题。

(1)我想写好一份经营分析报告,但是不知道从何下手。

(2)明天要开会,需要交PPT,我不知道怎么做。

(3)我想考××证书,但是我一看书就困,知识点太多,看了还总忘记。

(4)我什么都想干,什么都干不好,你感觉我适合做什么。

以上问题就是典型的思维混乱,每天都感觉很忙,但是一天下来不知道自己做了什么,一年下来写不出工作总结,10年下来感觉自己工作技能没有任何提高。诸如此类问题都是不会梳理思路惹的祸。其实我们现在比古代的人学习知识容易多了,而且做的工作分工都很细,相比我们学的这点知识和技能,那真是比我们的先辈差太远了。

例如,很多人听说过"蒙娜丽莎的微笑",也都知道这幅名画的作者叫达·芬奇,但是许多人可能不知道他在艺术、雕刻、生理、机械、解剖、物理等几十个领域都有着卓越的成就,还有闹钟、自行车、照相机、温度计、纺织机、起重机、飞机等,这些方面他都有所涉猎。看完达·芬奇的努力,再看我们自己,就会发现,如果我们自己的本职工作都做不好,那就不要找任何借口,努力做好它,让工作成就你,你也成就公司。

怎么克服思维混乱,让我们做出来的 PPT 汇报材料能够赢得观众的共鸣,赢得领导的赞许呢? 我们要做好两点,第一点是培养自己的结构化思维,我们可以买金字塔原理这类的书看看,学习一下怎么做报告,怎么思考;第二点就是学会思维导图,思维导图是整理思路的强大工具,强调左脑和右脑结合,让你的思路更清晰,职场战斗力更强。

思维导图在以下方面都会起到比较好的作用:读书,工作计划,组织活动,购物清单,会议安排等。

5.1 软件的选择

我们要画思维导图,首先要有工具,很多人都说用手画就行了,但是个人认为手写的思维导图不利于保存分享,效率也不高,所以建议还是用专业软件来画。

常见的思维导图软件有,百度脑图、XMind、MindNode(Mac)、MindMeister、MindManager 等。上述软件各有利弊,掌握一种就可以了,操作上都大同小异。

接下来,我拿一个软件来举例说明下载和安装方法。打开 XMind 的网址如图 5-1 所示,然后点击【免费下载】,下载后,按照步骤提示进行安装。

图 5-1 XMind 思维导图软件

5.2 思维导图软件实战操作

这里,我们用 XMind 来说明一下思维导图软件的操作方式。从网上下载并安装好软件后,打开软件的界面如图 5-2 所示,随便选择一个你喜欢的风格,点击右下角的【创建】,就创建了一个思维导图,如图 5-3 所示。

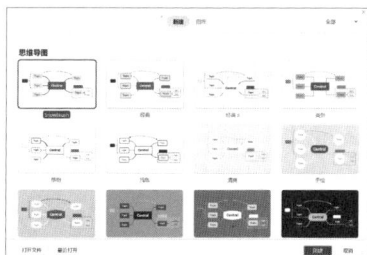

图 5-2 软件界面

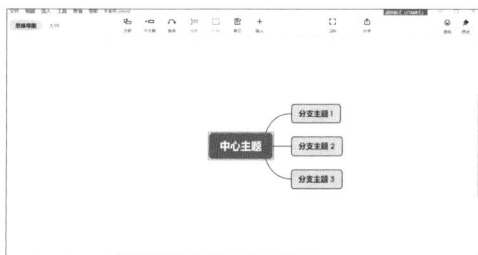

图 5-3 新建思维导图

接下来,我们学习一下,如何用 XMind 思维导图软件梳理财务分析框架。

STEP 1:给思维导图起名。进入思维导图的文字输入界面,双击【中心主题框】,输入文字"财务分析架构",如图 5-4 所示。这样我们这张思维导图就有了名字。

图 5-4 给思维导图起名

STEP 2：梳理分支主题和子主题。在分支主题中输入文字，如果需要添加分支主题框，可以按下回车键，这样就会添加一个分支主题。之后，我们再加入子主题即分支主题的下一级内容，方法是点击选中某个分支主题框，按着键盘上的 Insert（插入）键，如图 5-5 所示。

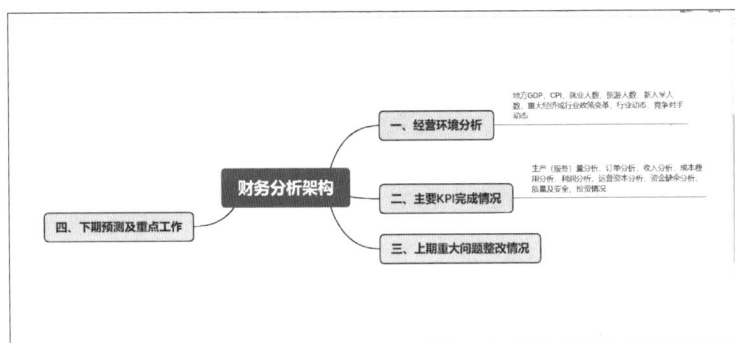

图 5-5　梳理分支主题和子主题

STEP 3：改变风格。如果在我们做思维导图的过程中，想改变风格，可以鼠标点击软件右侧的【格式】，之后选择【画布】中的所有风格，切换任意一个你喜欢的风格，进行风格的改变，如图 5-6 和图 5-7 所示。

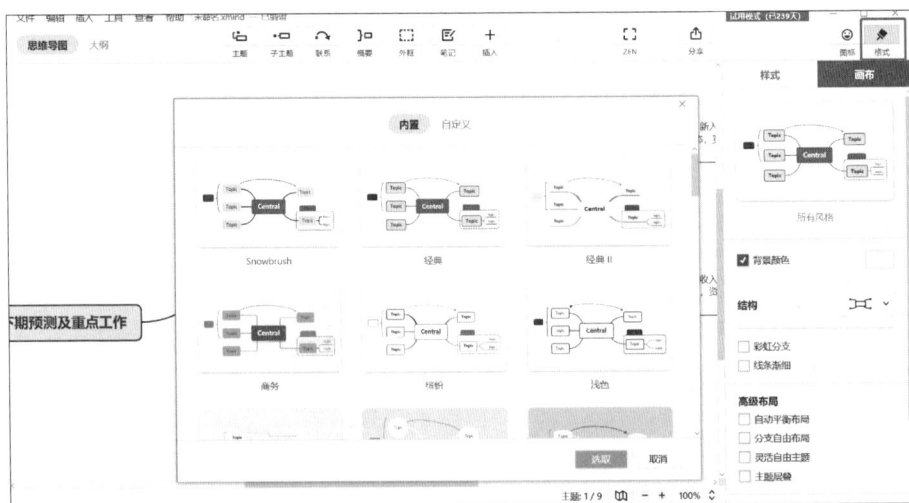

图 5-6　切换风格

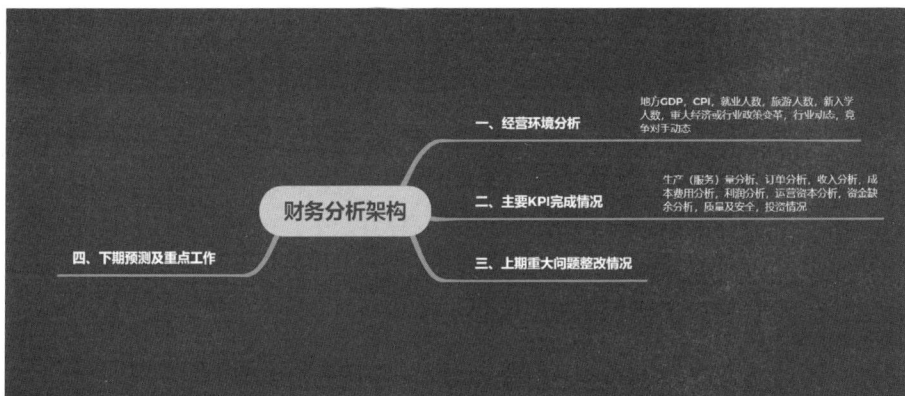

图 5-7   切换风格后

STEP 4：添加外框。有些主题是需要合并进行说明的，我们可以给两个主题添加外框。点击菜单栏上面的快捷按钮【外框】，然后对要合并说明的主题覆盖上就可以了，如图 5-8 所示。

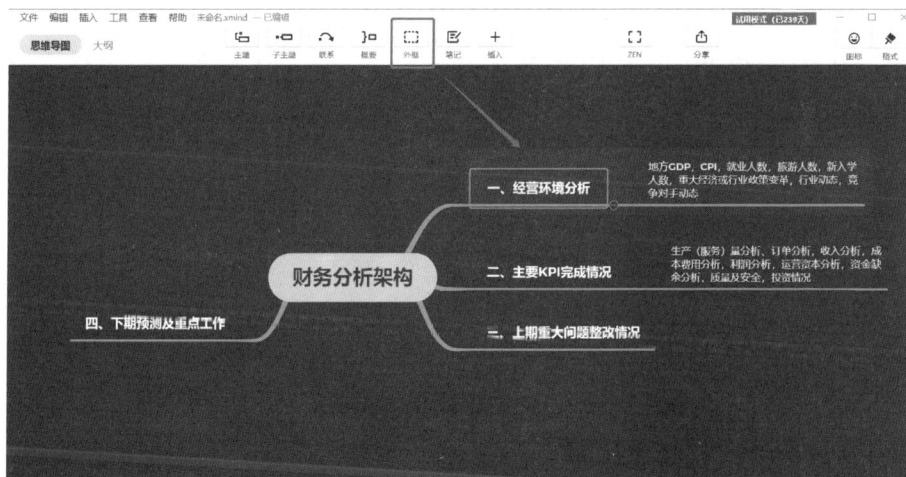

图 5-8   添加外框

STEP 5：添加联系线。有些主题是需要进行补充说明，我们可以给主题添加联系线。选择要说明的主题，点击菜单栏上面的快捷按钮【联系】即可，如图 5-9 所示。

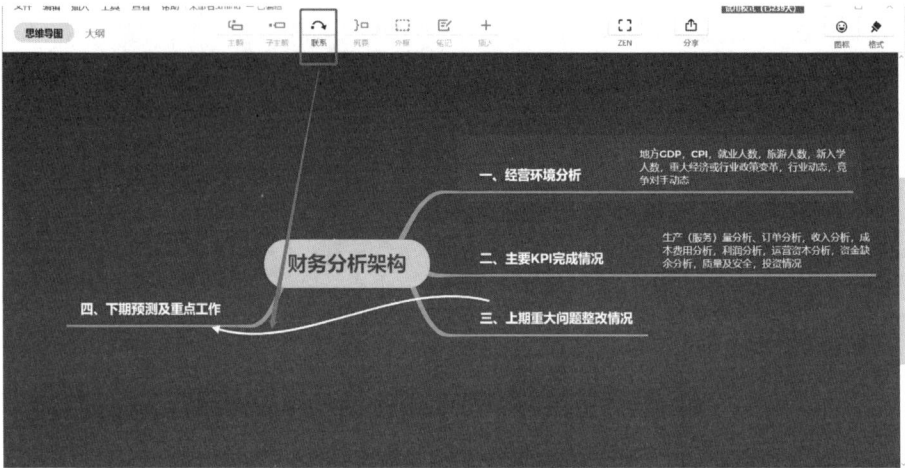

图 5-9　添加联系

本章小结

在思维导图梳理出来的财务分析框架基础上,我们可以将每个主题的工作细化,写出 Word 文稿,这就是形成了一条标准的整理材料工作流水线,沿着这个工作路径走,思路就不会混乱了。

| 第 6 章 |

Excel 在财务分析中的应用

    在第四章,我们把 Excel 在财务分析模版中应用说明了一下,相信各位读者已经初步感受到了 Excel 功能的强大,这个章节,我们继续深入学习假设分析工具在经营决策中的应用。

    假设分析也叫敏感分析,在财务职场中应用较多,它主要是基于一个模型(比如利润的计算过程),对影响结果的因素进行测试。在 Excel 中,应用比较多的工具是模拟运算表和单变量求解。模拟运算表是测算两个影响因素的变化对结果的影响分析,例如在其他因素不变的情况下,单价降低 5%,变动成本上升 10%,对利润的影响有多少。单变量求解是反向求解,例如,公司利润目标是 1 亿元,在其他因素不变的情况下,销量要完成多少才能够达成利润目标。

    下面我们用三个企业中的实际案例,来看看假设分析工具如何帮助我们进行经营分析和决策。

6.1 产品降价决策

    假设公司今年定下的毛利目标为 85 000 元,面对激烈的市场竞争,公司想通过降价的方式赢得更大的市场,但是降价意味着单位毛利的降低,唯有通过扩大销量,来弥补降价造成的损失,那么问题来了,在一定幅度的降价下,我们需要扩大多少销量来确保实现本年的毛利目标呢? 让我们一起来实操一下。

具体操作步骤如下所示。

STEP 1:设置测算区域。如图 6-1 所示,区域 B1:C8 为公司的毛利计算过程,A10:M22 为降价决策测算区域,第 11 行的百分比为销量提升的百分比,第 12 行为销量按照对应百分比提升后的具体销量数。B列的百分比为产品降价的百分比,C 列为单价按照对应百分比降价后的具体单价。

项目	金额				销量提升幅度						
单价	50										
销量	57,000										
销售额	2,850,000										
变动成本率	90%										
变动成本	2,565,000										
固定成本	200,000										
毛利	85,000										
			1%	2%	3%	4%	5%	6%	7%	8%	9%	10%
		85,000	57,570	58,140	58,710	59,280	59,850	60,420	60,990	61,560	62,130	62,700
	4%	48										
	8%	46										
	12%	44										
	16%	42										
单价下降幅度	20%	40										
	24%	38										
	28%	36										
	32%	34										
	36%	32										
	40%	30										

图 6-1　单价决策基础数据

STEP 2:进行测算。选中 C12:M22 区域,在【数据】菜单中的【模拟分析】中选择【模拟运算表】,如图 6-2 所示。然后设置参数,在【输入引用行的单元格】输入 C3(销量),在【输入引用列的单元格】输入 C2(单价),如图 6-3 所示。

现在,数据已经测算好了。但是为了看得更加清楚哪些地方是亏损的,我们选中 D13:M22 单元格,设置自定义格式为【[红色][<0]"亏损";[>=0]#,##0;】。我们的毛利目标是 85 000 元,所以我们只需要关注85 000 以上的数据就可以了,在条件格式中设置大于 85 000 的数字标红色。最终效果如图 6-4 所示。

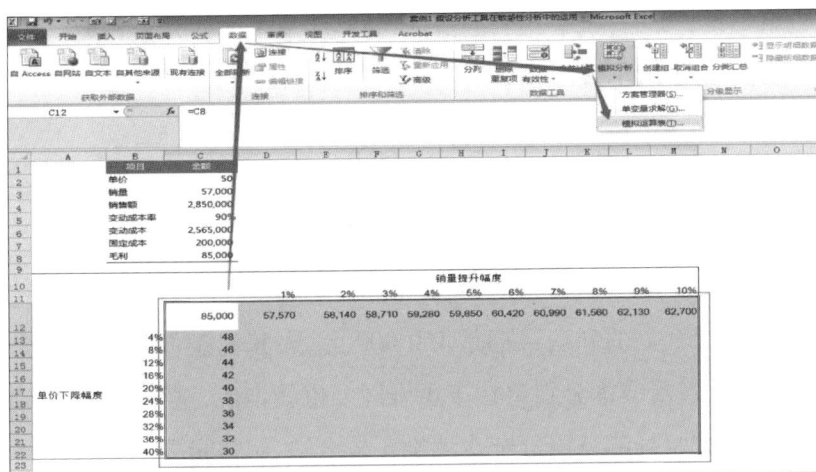

图 6-2   选中测算区域, 运行【模拟运算表】

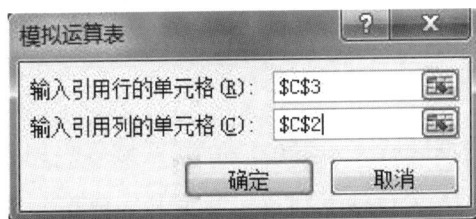

图 6-3   输入模拟运算表参数

图 6-4   最终效果

也就是说,为了保证公司利润目标,公司产品降价不能低于 8%,销量会因为降价的幅度不同,需要提升 5%~10%才可以。

6.2 一键测算目标利润决策

6.1 节介绍的降价决策是我们模拟单价和销量的变化测算对毛利的影响。现在,如果我们的利润目标是 150 000 元,在其他条件不变的情况下,单价、销售量、进货成本分别定在多少合适。也就是说,这个是反向求解的过程,按照既定目标测算单价定在多少比较合适,销售量要达到多少才行,进货成本降低到多少能够满足企业利润目标。

但是,因为我们现在有三个因素需要分别测算,能不能设置类似汽车一键启动似的按钮,一键生成测算结果?可以考虑用录制宏来解决。

具体操作步骤如下所示。

STEP 1:设置测算区域。如图 6-5 所示,区域 A1:B11 为公司的销售毛利计算过程,A15:B16 为目标毛利及实际毛利完成率。现在我们要先测算一下,目标毛利为 150 000 元,其他条件不变的情况下,单价需要达到多少可以完成利润目标。

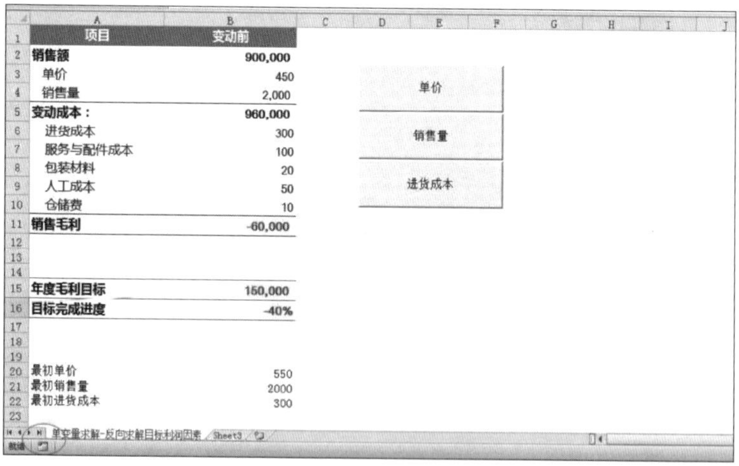

项目	变动前
销售额	900,000
单价	450
销售量	2,000
变动成本:	960,000
进货成本	300
服务与配件成本	100
包装材料	20
人工成本	50
仓储费	10
销售毛利	-60,000
年度毛利目标	150,000
目标完成进度	-40%
最初单价	550
最初销售量	2000
最初进货成本	300

图 6-5 设置测算区域并点击左下角的【录制宏】

STEP 2：录制宏。点击 Excel 最左下角的【录制宏】按钮，在对话框中起名为"单价"，如图 6-6 所示。

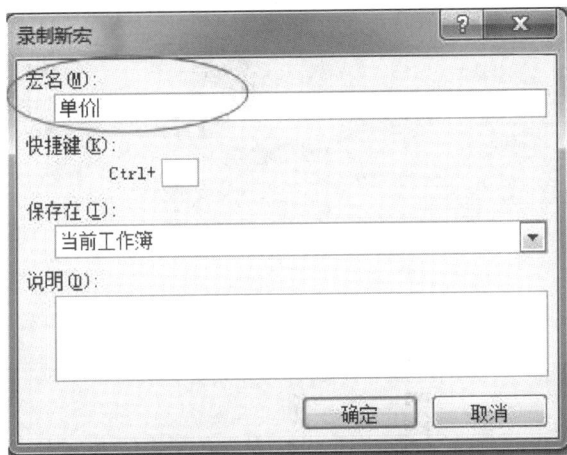

图 6-6 给宏起名为"单价"

下面，我们就开始进行测算，录制宏相当于把我们的测算过程录制下来，当我们还想进行同样的测算时，只需要把这个录制的程序通过 Excel 再执行一遍就可以了。

STEP3：进行测算。在【数据】菜单中的【模拟分析】中选择【单变量求解】，如图 6-7 所示。然后设置参数，【目标单元格】输入 B11 即销售毛利，【目标值】为 150 000，【可变单元格】输入 B3 即单价。这时，Excel 已经为我们测算好了满足目标毛利 150 000 的单价数值，如图 6-8 所示。

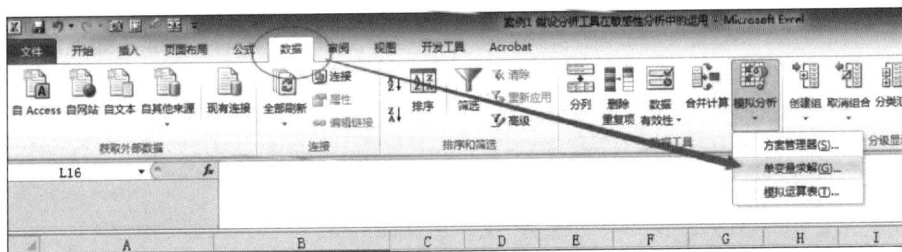

图 6-7 选择【单变量求解】

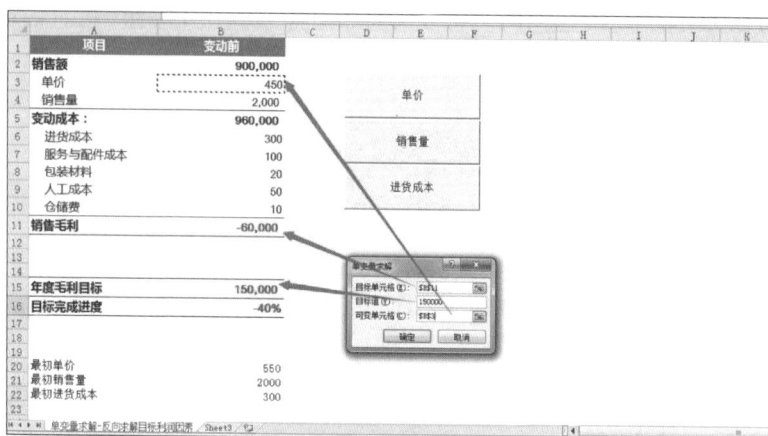

图6-8　设置【单变量求解】参数

STEP 4:停止录制宏。点击 Excel 最下角的【停止录制宏】按钮。这个时候,整个测算过程已经被录制在了名称为"单价"宏程序中,如图 6-9 所示。

接下来,我们需要一个程序载体,类似一键测算的按钮,每次单击按钮,程序就可以自动测算。

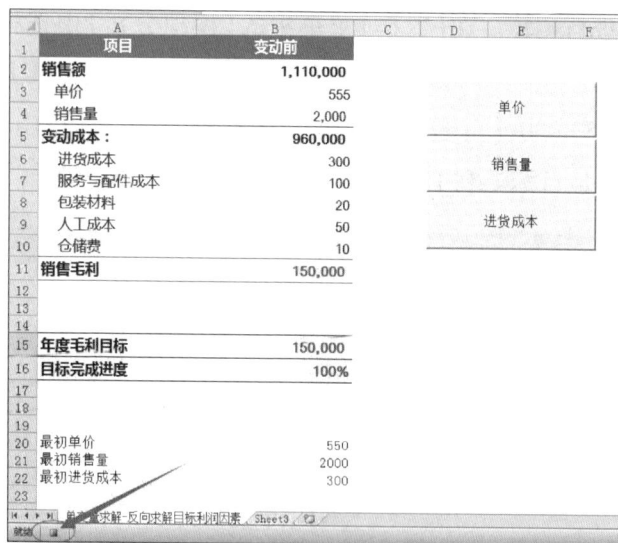

图6-9　停止录制宏

STEP 5：设置控件。选中【开发工具】中的表单控件【按钮】，指定其启动的宏为【单价】，如图 6-10 和图 6-11 所示。

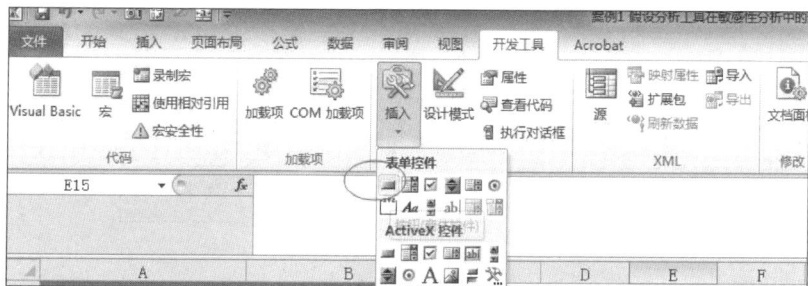

图 6-10　插入【按钮】控件

图 6-11　指定宏为【单价】

现在，我们整个测算过程已经设置好了，按照同样方法，设置"销售量"和"进货成本"两个测算按钮，如图 6-12 所示。以后，如果领导问，要实现销售毛利 150 000 元的目标，我们需要实现多少销售量？我们只需要点击一下"销售量"按钮，数据就被测算出来了。是不是非常方便？一键测算其实并没有那么难。

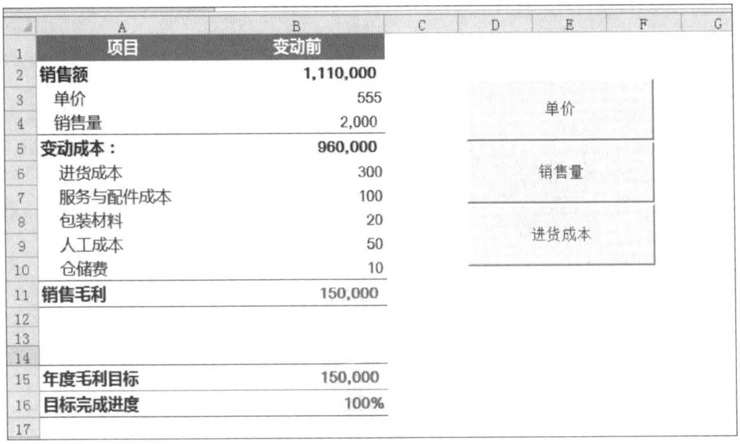

项目	变动前
销售额	1,110,000
单价	555
销售量	2,000
变动成本：	960,000
进货成本	300
服务与配件成本	100
包装材料	20
人工成本	50
仓储费	10
销售毛利	150,000
年度毛利目标	150,000
目标完成进度	100%

图 6-12　最终效果

6.3　业务数据联动财务数据决策

下面,我们要制作一张业务数据联动财务数据决策模板。在这个案例中,我们假设的场景是,公司要召开本年的半年经营分析会,现在公司主要商品有 5 种。上年的各产品销售额已经统计出来了,销售经理、财务经理以及总经理坐在一起探讨今年能否达成公司预期业绩。现在财务经理要同销售经理一起,对下半年的 5 种主要商品的增长率进行判断,看看各商品需要怎样的增长才能实现我们想要的目标利润。

具体操作步骤如下所示。

STEP 1:调出【开发工具】菜单。如图 6-13 所示,对【开始】菜单点击鼠标右键,选择【自定义功能区】。在出现的【Excel 选项】中勾选【开发工具】,如图 6-14 所示。这时,Excel 的菜单中就出现了【开发工具】。

STEP 2:插入滚动条。点击【开发工具】菜单,选择【插入】—【滚动条】,如图 6-15 所示。

图 6-13 选择【自定义功能区】

图 6-14 勾选【开发工具】

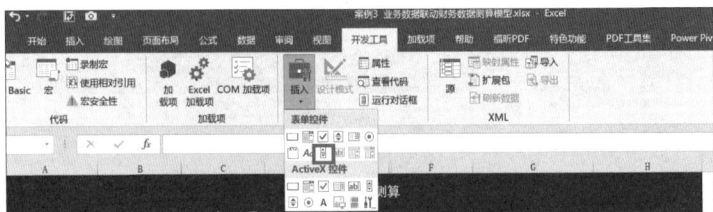

图 6-15　插入【滚动条】

STEP 3：设置滚动条。对滚动条点击鼠标右键，选择【设置控件格式】，最小值设置为 0，最大值设置为 100，步长设置为 1，页步长设置为 10，单元格链接到 E4，如图 6-16 所示。意思是，滚动条测算的区间为 0~100，点击一下滚动条左右箭头可以调整数值的跨度为 1，拉动一下滚动条中间竖杠可以调整数值的跨度为 10，滚动条输出的调整数字在 E4 单元格显示。

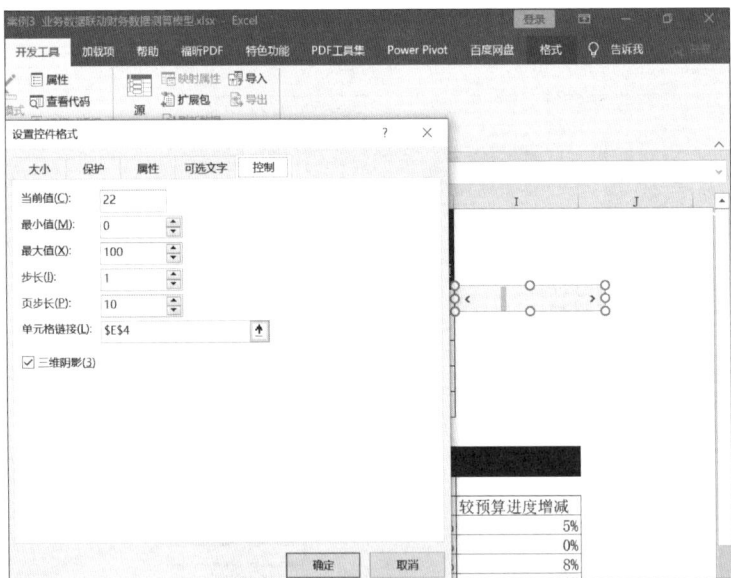

图 6-16　设置控件格式

STEP 4：设置公式。在 F4 单元格输入公式：" = E4/100"，如图 6-17 所示。在 G4 单元格中输入公式：" = C4 ∗ (1 + F4)"，如图 6-18 所示。这样我们就把滚动条输出的数据与我们的测算模板关联好了。点击滚动条，我们可以得出下半年增长的百分比对全年数据的影响程度。同样方法，插入另外三个滚动条，设置公式，最终就做成了我们的测算模板，如图 6-19 所示。

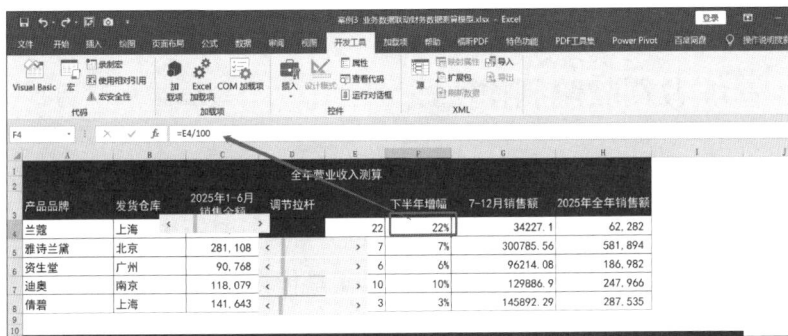

图 6-17　设置公式

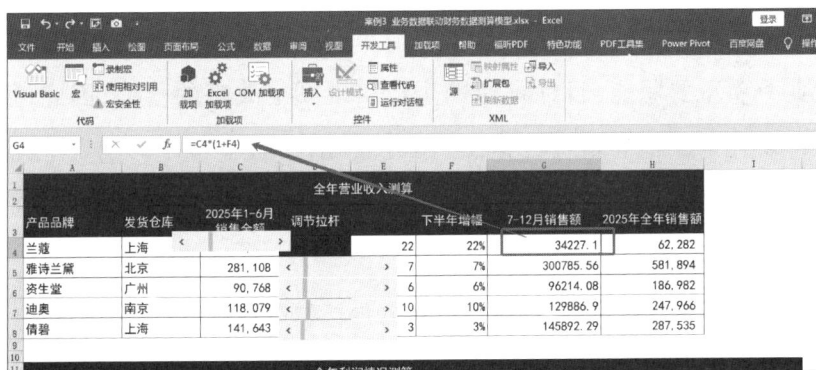

图 6-18　关联数据

图 6-19　最终效果

6.4 管理者驾驶舱制作实践

管理者驾驶舱是数据可视化的一种形式,可以让我们在一个版面上看清企业主要 KPI 指标,进而快速了解企业的经营和财务等情况。在说明如何制作管理者驾驶舱前,我们先说一下 KPI 是什么,有什么用。

6.4.1 KPI 如何促进企业持续盈利

企业的本质是营利机构,盈利是企业生存和持续发展的基础。财务是企业一项重要职能,目标是帮助企业实现既定战略的落地,因此,很多企业都设计了 3 年规划、5 年规划、10 年规划,并且在每年的规划中,制订了市场份额,生产量、销售量、服务满意度、品质、研发、收入、成本、利润等目标。

这些目标需要企业各个部门分头落实,企业才能实现总体战略目标。而财务帮助企业落实战略的三个最重要的工具就是全面预算、经营分析报告、绩效考核。这三个工具形成一个闭环管理,每年周而复始,一年一年的推动着企业具体工作的落实。

首先,全面预算是企业计划的起点,在预算的制定过程中,企业会统计所有的经营资源,按照下年目标,制定投资、筹资、经营计划等,并以此确定各项财务指标。然后,新的一年开始执行预算,企业各个部门按照预算分解的指标去赚钱(经营)和花钱(业务运营及投资),财务部作为企业的大管家,每个月、季度或半年对各个部门及企业整体的运营情况通过各项重要考核指标(KPI)进行监控,在企业运营过程中存在的问题进行偏差纠正。每个季度召开经营分析会,通过讨论及纸质报告的形式,通报各 KPI 的落实情况,揭示现存问题,并指出下一阶段的工作重点。最后,年终时,按照各部门及企业落实任务的情况,进行精神和物质奖励的兑现,即兑现绩效考核的承诺,如图 6-20 所示。

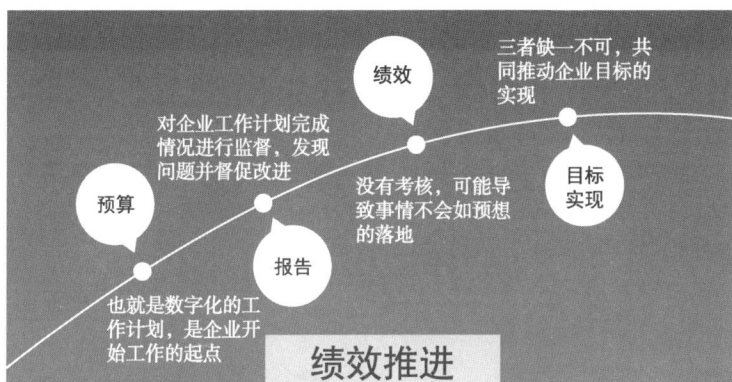

图 6-20　预算、报告、绩效促进企业战略落地

　　在整个闭环管理中,企业 KPI 的确定是非常重要的,如果指标定错了,企业发展方向就错了,经营目标难以实现。可是如何制订企业的 KPI 以及怎样设置相应权重却是更加困难的问题。国家的中央企业已经走在了前面,国资委发布的《关于印发中央企业综合绩效评价实施细则的通知》(国资发评价〔2006〕157 号)文中已经明确了考核方法、KPI 的选择以及权重的构成,而我们只需要按照文件进行参考设置就可以了。

6.4.2　企业如何搭建 KPI 体系

　　KPI 的选择是搭建管理者驾驶舱的关键,尽管我们已经知道了央企 KPI 的体系,但对自己企业进行 KPI 指标体系的设计时,我们还是有不知所措的感觉,因为每个企业的行业不同,具体业务也是不同的,企业文化,业务流程,信息化水平等都不一样。这就要求我们必须具备因地制宜的能力,能够将知识转化为具体实践。下面我们就介绍,如何设计企业的 KPI 体系。

　　在谈设计前,我们首先要回答一个问题:说出你所在企业的 10 个最重要的 KPI 指标。这 10 个指标必须是最重要的,也许你有 100 个指标可以讲,但是现在我们只需要 10 个,因为指标太多、太杂,反而分散注意力,不会起到很好的监控作用,企业的资源是有限的,管理资源更加有限,所以必须能够抓住重点管控环节。图 6-21 是某中央企业综合绩效评价指标及权重。

评价内容与权数		财务绩效(70%)				管理绩效(30%)	
		基本指标	权数	修正指标	权数	评议指标	权数
盈利能力状况	34	净资产收益率	20	(营业)利润率	10	战略管理	18
		总资产收益率	14	盈余现金保障倍数	9	发展创新	15
				成本费用利润率	8	经营决策	16
				资本收益率	7	风险控制	13
资产质量状况	22	总资产周转率	10	不良资产比率	9	基础管理	14
		应收账款周转率	12	流动资产周转率	7	人力资源	8
				流动现金回收率	6	行业影响	8
债务风险状况	22	资产负债率	12	速动比率	6	社会贡献	8
		已获利息倍数	10	现金流动负债比率	6		
				带息负债比率	5		
				或有负债比率	5		
经营增长状况	22	(营业)增长率	12	(营业)利润增长率	10		
		资本保值增值率	10	总资产增长率	7		
				技术投入比率	5		

图 6-21　中央企业综合绩效评价指标及权重

设计和落实 KPI 指标体系主要分为以下四个步骤。

STEP 1:参考指标。如图 6-22 所示,这张图为主要 KPI 的参考指标,先按照这个指标体系,选出 10 个我们认为的最重要的指标,当然,这只是参考,还有很多行业特色的指标可以自己加进去。

STEP 2:初步搭建 KPI 体系。如图 6-23 所示,这是四个不同公司的财务人员总结出的关键指标。从各项指标来看,单位 A 为一家商场公司,单位 B

为贸易公司,单位 C 为建设公司或研发公司,单位 D 的指标设计比较通用,看不出行业特色。通过这个初步设计的 KPI 体系,我们总结一个普遍适用的 KPI 体系模板。

核心指标分类	财务指标	核心指标分类	财务指标
营利能力指标	收入	营运能力指标	应收账款周转率
	成本		应收账款周转天数
	期间费用		存货周转率
	毛利润率		存货周转天数
	成本费用利润率		应付账款周转率
	息税摊销折旧前利润率		应付账款周转天数
	息税前利润率		营运资金周转率
	税前利润率		营运资金周转天数
	净利润率		固定资产周转率
	总资产报酬率		固定资产周转天数
	净资产收益率		总资产周转率
	销售现金收益率		总资产周转天数
	净资产现金收益率	偿债能力指标	流动比率
发展能力指标	营业收入增长率		速动比率
	毛利润增长率		现金流动负债比率
	净利润增长率		资产负债率
	再投资现金比率		产权比率
	固定资产成新率		已获利息倍数
	总资产增长率		经营现金流量偿付短期债务比率
	净资产增长率		经营现金流量偿付总债务比率

图 6-22   主要 KPI 指标参考

这是我们初步整理的企业关键KPI指标

序号	单位A	单位B	单位C	单位D
1	收入	利润率	预算完成情况（收入、成本、利润）	财务指标
2	成本	收入增长率	资金状况（余额、盈余、缺失）	营业收入
3	费用	成本率	应收账款（账龄）	营业成本
4	利润	出货率	毛利率	利润总额
5	分产品毛利	缺货率	项目进度	营业收入增长率
6	坪效（每平方米收入）	库存周转率	签单率	毛利率
7	开业面积	费用率	研发进度	净利率
8	—	库存占用资金	部门人员构成	净资产收益率
9	—	预算完成率	—	成本指标
10	—	人员流失率	—	生产成本
11	—	—	—	材料成本比率
12	—	—	—	人工成本比率
13	—	—	—	制造成本比率

图 6-23   不同财务人员初步总结出的 KPI 体系

STEP 3:总结一个普遍适用的 KPI 体系模板。如图 6-24 所示,我们将企业的 KPI 指标分为两大类:财务类和业务类,并设计了用什么形式的图表展示的几种假设。形式 1~3 为可以选择的图表展现形式。

总结整理转化后

序号	类别 单位B		形式1	形式2	形式3
1	财务指标				
1.1	收入、成本、利润等达成率		仪表盘	面板	条形图
1.2	收入、成本、利润等占比		环形图	饼图	条形图
1.3	各月份收入、成本等同比列/预算比序列		柱形图	条形图	—
1.4	应收、应付、库存周转天数		仪表盘	面板	—
1.5	资产负债率、净资产收益等对比		背靠背图	—	—
1.6	利润(收入)影响因素分析		瀑布图	—	—
1.7	收入(成本)多期结构分析		累积柱形图	—	—
2	业务指标		形式1	形式2	形式3
2.1	销售/生产/研发/采购达成率		仪表盘	面板	条形图
2.2	销售/生产/研发/采购占比		环形图	饼图	条形图
2.3	各月份销售/生产/研发/采购同比或预算比序列		柱形图	条形图	—
2.4	呆滞销售产品或库存材料天数		仪表盘	面板	—
2.5	销售/生产/研发/采购个性指标对比(坪效等)		背靠背图	—	—
2.6	销售/生产/研发/采购个性指标因素分析		瀑布图	—	—
2.7	销售/生产/研发/采购个性指标多期结构分析		累积柱形图	—	—

图 6-24 总结转化后的 KPI 体系

STEP 4:KPI 指标如何继续向下分解分析。设计好 KPI 指标体系后,如何跟踪和分析指标是非常关键的,要不 KPI 指标就只是个摆设,图 6-25 以商贸企业为例演示了如何将 KPI 指标进行分解以及如何进行分析报告。

6.4.3 了解管理者驾驶舱

管理驾驶舱充分考虑了人性化接收方式,人对图像信息接收和理解程度是最强的。它是企业综合评估指标的建模结果,它使最高决策人员能把注意力集中在关键点上。这种像驾驶舱一样的设备面板和显示器布局,使高层经理能及时判断公司的运营模式是否需要改变,同时也能快速了解公司经营管理过程中存在的问题。

上面这个解释有点复杂,我们转换一下,管理者驾驶舱简单说就是对公司重要 KPI 指标的视觉化监控看板,目的是让一个非财务出身的管理者能够一眼看明白公司运营的态势及经营状态,发现问题,并且能够触发行动,使公司的运行状况良好,如图 6-26 所示。

收入分析报告
分不同维度的商品销售净收入
售后服务收入
其他业务板块经营收入
非零售板块商品经营收入
高毛利商品经营收入

成本分析报告
分不同维度的商品销售成本
厂家承担的销售扣与折让
库存商品损益
供应商商费用支持
售后业务成本
其他业务板块经营成本
非零售板块商品经营成本
高毛利商品经营成本

专项分析报告
库存商品分析
供应商应收应付款分析
开店分析报告
关店分析报告
高端门店投资回报分析报告

毛利分析报告
分不同维度的商品销售综合毛利
售后业务毛利
其他业务板块经营毛利
综合贡献
高毛利商品经营综合毛利

单店经营日报
销售数
收款
备用金
库存变动
人员

其他利润表数据
营业外利润
营业税金及附加
投资收益
补贴收入
非流动资产减值损失
所得税费用

费用分析报告
营运费用
非营运费用
门店费用分析
人工费用分析
仓储物流费用分析
营运财务费用
利息净支出

单店经营分析报告
销售
毛利
库存商品
营运费用
营运利润

门店经营分析报告
单店收入
单店成本
单店费用
单店利润表

KPI指标分解分析

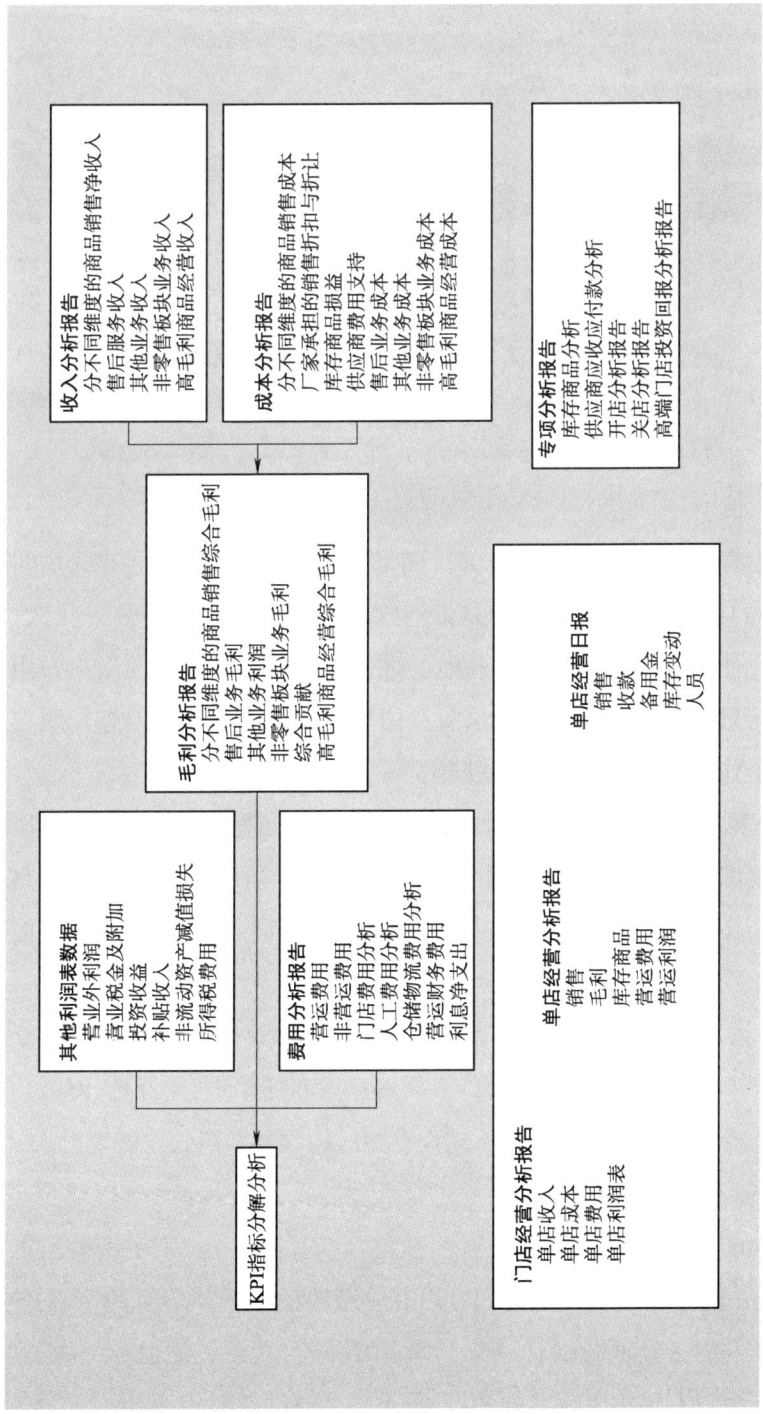

图 6-25 KPI指标如何继续向下分解分析

图 6-26　针对不同用户可以设计不同的管理者驾驶舱

基于管理者驾驶舱的作用,我们在设计驾驶舱前,需要回答几个问题。

(1)目标群体及定位:用户是谁? 管理者驾驶舱给他们带来什么价值? 他们需要什么类型的管理者驾驶舱? 谁才是管理者驾驶舱的用户? 用户需要什么信息? 用户已知了哪些信息? 用户在使用上有什么偏好? 用户希望做出一个什么样子的管理者驾驶舱?

(2)实用性:管理者驾驶舱能否帮助管理层定义企业的重点? 让高管们晚上能够高枕无忧,于一切尽在掌握中? 还是当出现问题时能够突出显示异常指标并发出报警? 为个人或者团队设定目标和期望值? 是否能够让企业员工明白哪些是工作重点?

(3)展现形式:真正的管理者驾驶舱应该能够聚焦在最重要的信息上,并且能够清晰准确的传达这些信息,根据信息发布的渠道,交互性,时效性以及分析能力等都会因为具体情况不同而有相应的管理者驾驶舱展现形式。

在回答上述问题之后,我们就可以开始着手设计管理者驾驶舱了。我们需要明确的是,一个公司的管理者驾驶舱可以有很多个,因为用户不同,需求不同,解决的问题不同,即总经理可以有总经理管理者驾驶舱,用于掌控全局,财务总监和财务经理可以有财务管理者驾驶舱,重点关注财务绩效的实现,销售总监可以有销售管理者驾驶舱,重点关注项目进度、销售业绩及回款等。

明白了什么是管理者驾驶舱,以及在设计驾驶舱时需要考虑什么,紧接着就是如何将指标放进驾驶舱以及如何展现了。

如图 6-27 所示,管理者驾驶舱指标种类主要分为三大类,分别是结果指标、驱动因素指标及关键业绩指标,这三大类指标涵盖了业务层面、财务层面及管理层面。那么如何对这三类指标进行展示呢?其实搭建好一个驾驶舱跟驾驶汽车类似,驾驶汽车的时候,每秒钟汽车会生成几十万条数据,但是我们关注的只有几项:速度、油量、水温、档位、前后左右的视线,等等。

指标类别	应用案例
结果指标:衡量运营结果的滞后指标	财务指标:收入、利润、投资回报率 非财务指标:公司股价,安全生产无事故率
驱动因素指标:衡量导致结果的活动的前导性指标	每日收入,每周收入,客户满意度,上座率,空置率
关键业绩指标:公司最高管理者关注的用来衡量对一个企业成功而言至关重要的因素	业务增长率,资产盈利率,销售盈利率,现金转化率,市场份额,客户满意度,员工满意度,全员服务效率

图 6-27 管理者驾驶舱度量指标的种类

管理者驾驶舱也是同理,如图 6-28 所示,汽车的重要部件与管理者驾驶舱搭建类似,方向盘其实就是领导的决策,仪表盘反馈的是企业经营的成果,回视镜提示风险和机会,导航仪提示实际业绩与目标的差距,汽车发动机的力量是分析师的分析能力决定的,拨档可以用于业务测算是增长还是下跌。

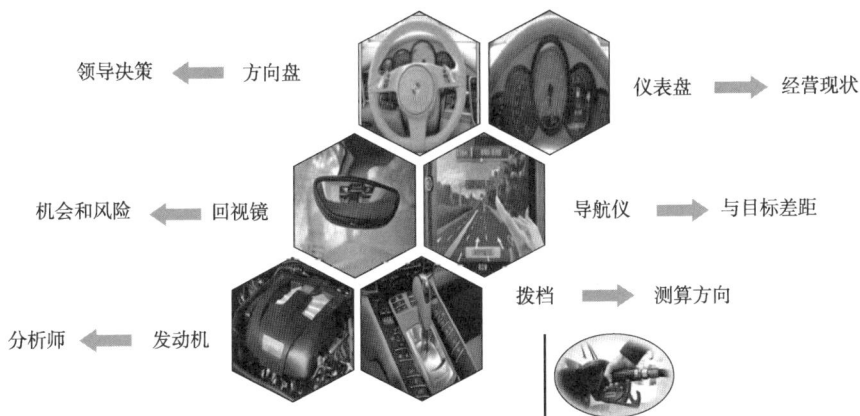

图 6-28 汽车部件与管理者驾驶舱指标的相似性

这样，模仿汽车的数据管理方式，我们可以设计自己的管理者驾驶舱图表了。如图 6-29 和图 6-30 所示，我们将汽车的部件转化为图表，进而让老板只要查看管理者驾驶舱的图表反映出的经营态势，就可以像驾驶汽车一样，驾驭好企业的方向。

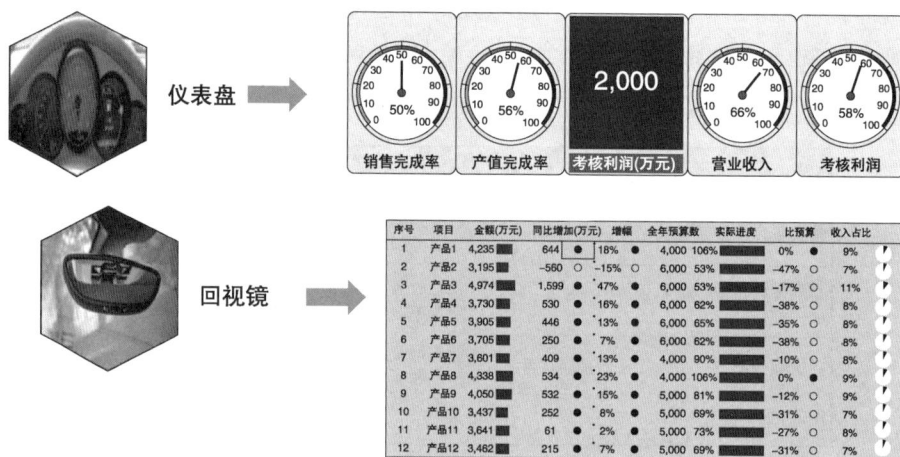

图 6-29　将仪表盘和回视镜转化为图表

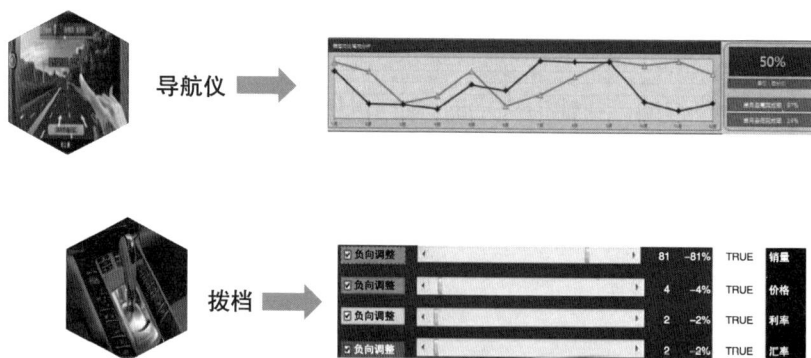

图 6-30　将导航仪和档位转化为图表

6.4.4　制作管理者驾驶舱的常用工具

制作管理者驾驶舱有两大类工具，分别是市面上已开发成熟的数据视觉化软件和 Excel，如图 6-31 和图 6-32 所示。对于数据量很大，业务复杂的企业，建议购买正版数据视觉化软件，因为对于海量数据及实时反馈信息，软件更加优势。如果企业规模不大，可以考虑使用 Excel 自制管理者驾驶舱。

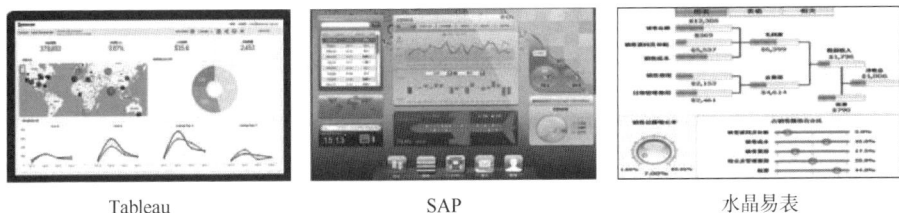

Tableau　　　　　　　　　　SAP　　　　　　　　　　水晶易表

图 6-31　管理者驾驶舱常见的软件工具

成熟软件：优势在于海量数据及
复杂业务的处理

Excel：0成本

图 6-32　两类软件的优势

　　常见的数据可视化软件有 Tableau、SAP、水晶易表，等等。它们各自有独特的优势，有的注重界面美观，操作方便，有的信息集成能力强，可以按照自己的需求购置。

　　Excel 作为数据可视化工具的一种，在搭建管理者驾驶舱时，显然在信息处理速度等方面弱于上述软件，但是它的优势是成本低，甚至是零成本。

6.4.5 搭建你的第一个管理者驾驶舱

搭建管理者驾驶舱具体操作步骤如下所示。

STEP 1:确定主要分析指标。

这里,我们确定 5 个重要 KPI 进行重点分析,包括(1)营业收入;(2)成本费用;(3)净利润;(4)运营资本(现金流);(5)固定资产投资。

STEP 2:确定图表布局。

图表布局是非常关键的,将要组建的管理者驾驶舱进行分解,这个驾驶舱主要有四大类组件组成:大小标题、大块数字、图表、表格。如图 6-33 所示,我们对管理者驾驶舱进行分解,一会分别进行制作。

图 6-33　确定图表布局

STEP 3:建立三表。

管理者驾驶舱是由三个层次的表格构成,分别为基础数据层、数据处理层、展示层。这三类表格千万不要放在一张表格上,否则数据修改时会非常麻烦。基础数据层主要是我们前面确定的重要 KPI 的时点或时间序列数据;数据处理层会被设置一些公式和图表,这里的数据来自基础数据层,基础数据一修改,数据处理层就自动变化;数据展示层就是前面设计的管理者驾驶舱呈现的界面,数据来自数据处理层,如图 6-34 所示。

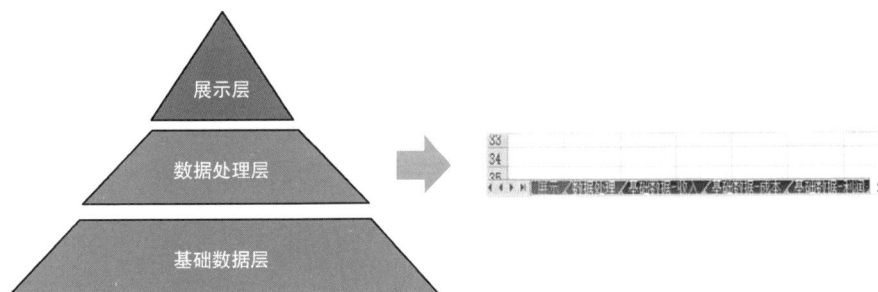

图 6-34　建立三表

STEP 4：填充基础数据层和数据处理层。

这个步骤主要是把财务系统和其他来源的数据填充到基础数据表中，然后在数据处理层设置相关的公式。具体数据和公式可查看本书案例，如图 6-35 所示。

图 6-35　填充基础数据层和数据处理层

STEP 5：绘制图表。

这里要强调的是，绘制图表需要用手工画图，方法就不赘述了，可参照笔者的另外一本书《EXCEL 带你玩转财务职场》。

STEP 6：图表搭建。

如果想图表搭建成功，这里需要三个重要的技巧：分页预览，锚定和照

相机。分页预览主要用于将整个展示表的绘图区域设置为一页纸大小;锚
定是将图表固定在指定单元格中,方法是先拖拽图表的左上角至单元格左
上角,再同样方法将图表右下角拖拽至单元格右下角,这样单元格一调整,
图表也会随着调整,有利于整个版面的布局;照相机的添加方法与数据透视
表一样,也是通过自定义快速访问工具栏添加,使用方法是选择要复制的图
表,按下照相机快捷按钮,然后在展示层拉开即可,照相机复制的图表,会随
着图表数据的更新而更新,之所以用照相机也是为了方便排版。最后的效
果图,如图 6-36 所示。

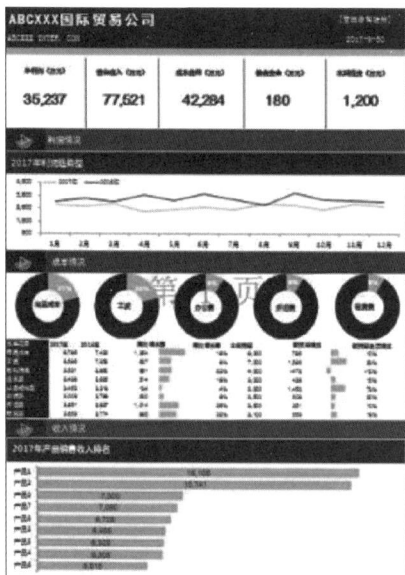

图 6-36　管理者驾驶舱搭建完成

6.4.6　如何在手机和平板电脑查看管理者驾驶舱

用 Excel 制作的管理者驾驶舱,不仅可以在电脑上观看,还可以将其另
存为 PDF 格式,发到上级管理者邮箱,让其在平板电脑和手机中查阅。可
以选择文件菜单—另存为—保存类型选择为 PDF,如图 6-37 所示。最终效
果如图 6-38 所示。

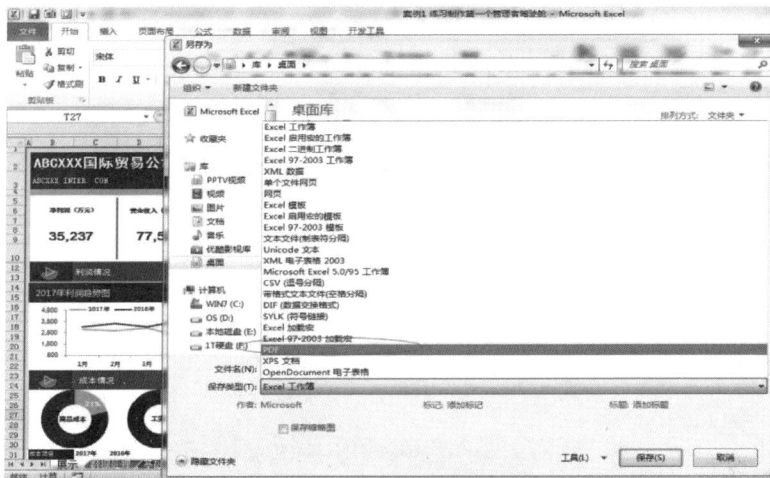

图 6-37　另存为 PDF 格式

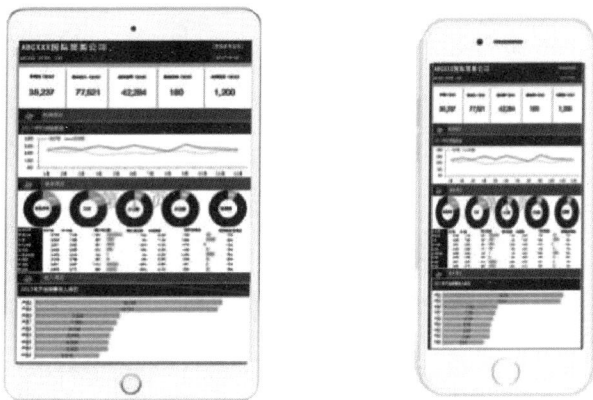

图 6-38　可以在平板电脑及手机上查阅

本章小结

本章的假设分析是现代管理会计师必须掌握的工具,有了这个利器,会节省我们很多力气去制作各种各样的表格,通过控件、模拟分析及宏的联合使用,可以极大地提高我们的测算效率。管理者驾驶舱是今后的发展趋势,这里只是开了一个头,有机会我们会通过网络等方式进行更加深入的交流学习。

第7章

PPT 在财务分析中的应用

PPT 是财务分析展示的重要工具,这个章节,我们将一起通过实操练习,掌握 PPT 的基本操作技巧。如果你的 PPT 基础不好,笔者建议你把这个章节的操作反复练习五遍,后面的学习就会非常轻松了。本章共包括四部分内容,如图 7-1 所示。

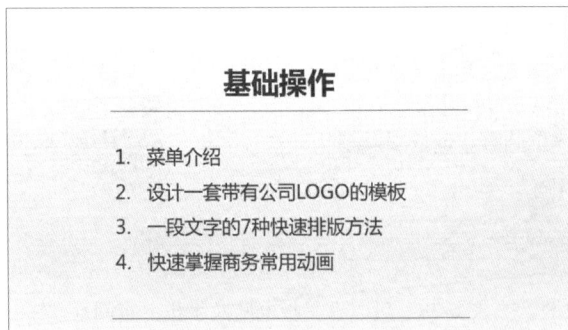

基础操作

1. 菜单介绍
2. 设计一套带有公司LOGO的模板
3. 一段文字的7种快速排版方法
4. 快速掌握商务常用动画

图 7-1　本章主要内容

7.1　PPT 菜单介绍

在说明菜单操作前,我先说下 Office 的版本问题。市面上常用的 Office 版本有 2003、2007、2010、2013、2016、2019 等。2010 版本比较经典,2019 版本比较新,两者的区别不大,只是新版本在功能上多了一些图表、动画等选择。最重要的一点,就是当我们对 PPT 要素进行设置时,2010 和 2013 版本的设置对话框菜单直接出现在屏幕中间,而 2016 和 2019 版本的设置对话菜单在最右侧显示,如图 7-2 所示,其他功能基本一致。本书演示的操作是用 2016 版本,与 2019 版本区别不大。

图 7-2　2016 版本设置对话菜单在右侧

下面我对 PPT 中的各个菜单进行一下简单介绍,如图 7-3 到图 7-6 所示。

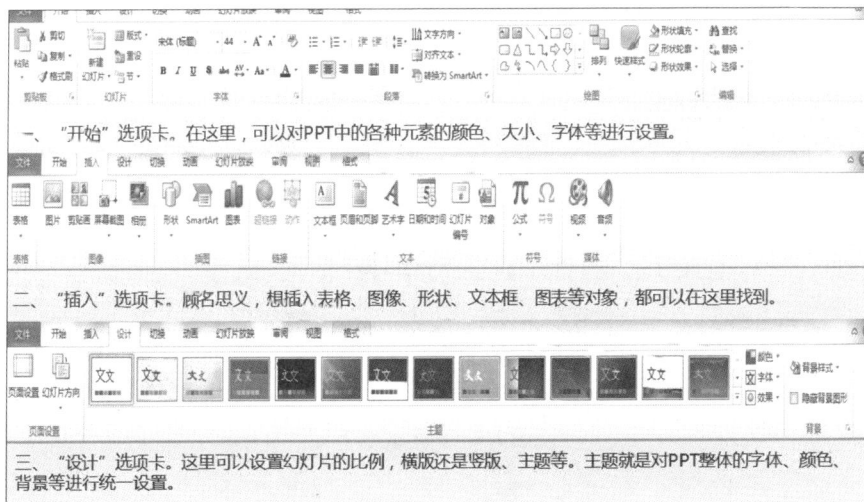

图 7-3　菜单说明

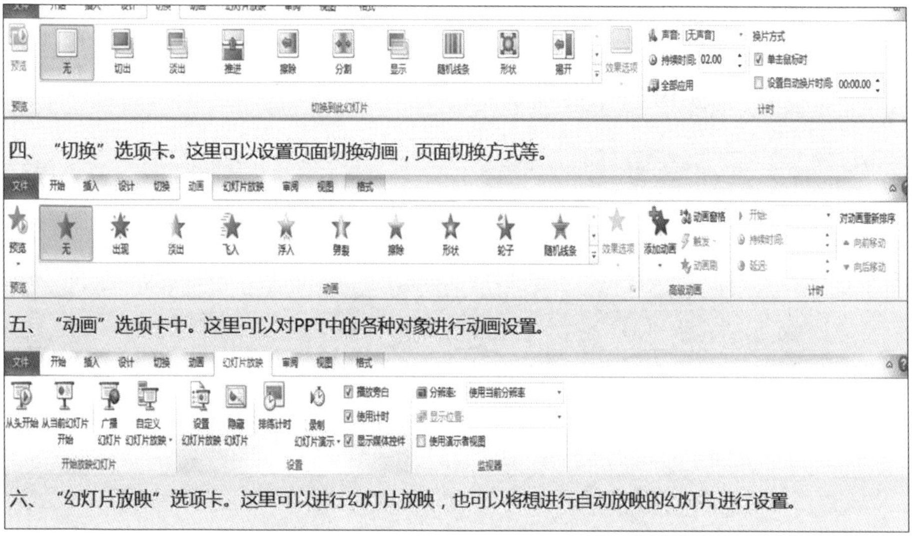

四、"切换"选项卡。这里可以设置页面切换动画,页面切换方式等。

五、"动画"选项卡中。这里可以对PPT中的各种对象进行动画设置。

六、"幻灯片放映"选项卡。这里可以进行幻灯片放映,也可以将想进行自动放映的幻灯片进行设置。

图 7-4　菜单说明 1

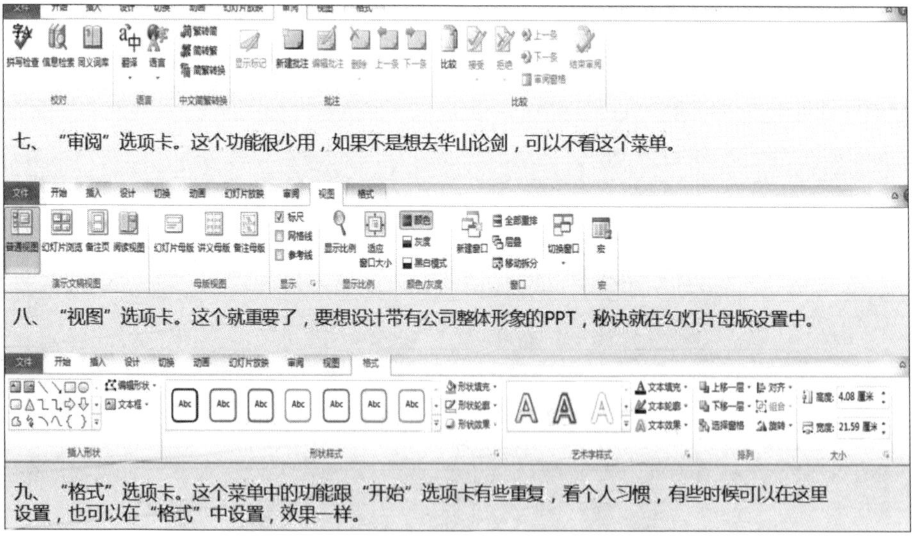

七、"审阅"选项卡。这个功能很少用,如果不是想去华山论剑,可以不看这个菜单。

八、"视图"选项卡。这个就重要了,要想设计带有公司整体形象的PPT,秘诀就在幻灯片母版设置中。

九、"格式"选项卡。这个菜单中的功能跟"开始"选项卡有些重复,看个人习惯,有些时候可以在这里设置,也可以在"格式"中设置,效果一样。

图 7-5　菜单说明 2

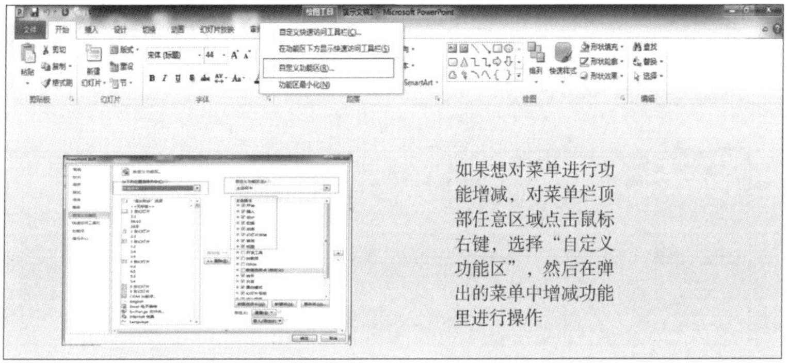

图 7-6　菜单功能增减方法

如果想对菜单进行功能增减，对菜单栏顶部任意区域点击鼠标右键，选择"自定义功能区"，然后在弹出的菜单中增减功能里进行操作

7.2　动手设计一套带有公司 logo 的 PPT 模板

每个公司都有自己的企业文化，相应的，也会有自己公司配套的 PPT 模板。但是有的公司没有专门去设计，这个时候，就需要我们自己来做一套富有公司文化元素的 PPT 模板。

7.2.1　母版的操作

母版简单来讲就是对 PPT 版面进行整体设置。在【视图】菜单选择【幻灯片母版】，如图 7-7 所示。

在出现的幻灯片母版设置中，左上角最大的母版叫"Office 主题"，以下依次有"标题幻灯片""标题和内容"等。简单来说，"Office 主题"这个类似母体，其他的是分支，如果在"Office 主题"里加入了文字或者图片，其分支也会延续母体的特征。但是，分支也保有一定的独立性，特征不同，所以当在某个分支中插入某些元素时，不会影响母版和其他分支的设定，如图 7-8 所示。

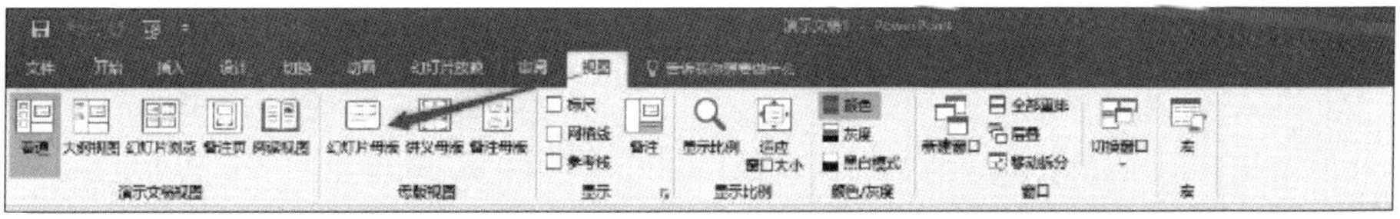

图 7-7　在【视图】菜单选择【幻灯片母版】

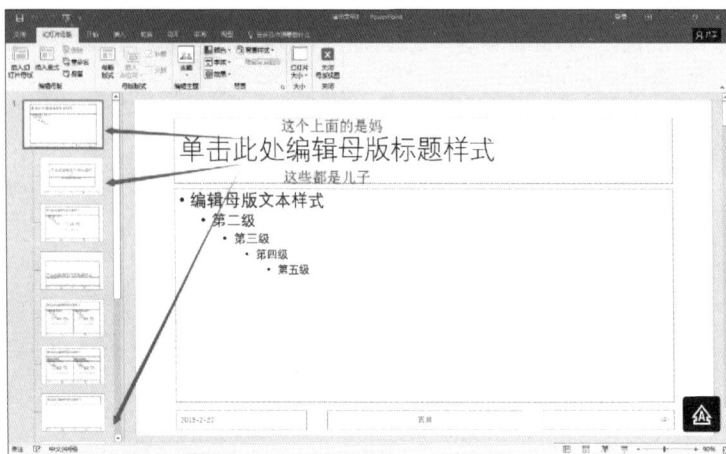

图 7-8　【幻灯片母版】设置解析

利用这个特点,如果我们想把整个 PPT 设计成风格统一,就可以在"Office 主题"中进行设置。

7.2.2　插入模板背景

鼠标选择【视图】菜单中的【幻灯片母版】,在"Office 主题"中先删除所有默认的文本框等元素。然后选择【插入】菜单中【图片】,选中插入的图片,同时按下【Ctrl】和【Shift】键,然后按下鼠标左键对图片右上角进行拉伸,即可实现图片等比例放大,大小覆盖整个白色版面即可,如图 7-9 和图 7-10 所示。

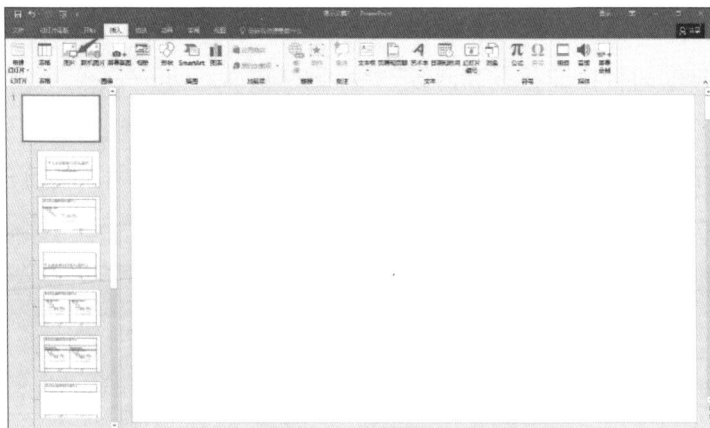

图 7-9　插入图片

图 7-10　对背景图片进行大小调整

7.2.3　加入公司 Logo 和公司名称

选中【插入】菜单中的【文本框】，在左上角拉开文本框，并输入文字"ABCXX 国际快递有限公司"。这样就输入了公司名称，然后在【开始】菜单中调整其字体为"微软雅黑"，字号为"18 号"。之后，同样方法选择【插入】菜单中【图片】，加入公司 logo 图片，如图 7-11 和图 7-12 所示。

图 7-11　选择【文本框】

图 7-12　加入公司名称和 logo

7.2.4　加入其他修饰

加入分割线修饰。选中【插入】菜单中的【形状】—【线条】—【直线】，然后拉长,注意拉伸的时候必须要同时按下【Ctrl】和【Shift】键,这样拉伸才能保证线条是直的。之后选择直线,点击鼠标右键,对其颜色和粗细进行设置。选择"标题幻灯片"母版,然后删除所有系统自带的文本框等,点击【视图】中的【普通】,即可从幻灯片母版设置中返回普通视图,如图 7-13 ~图 7-15 所示。

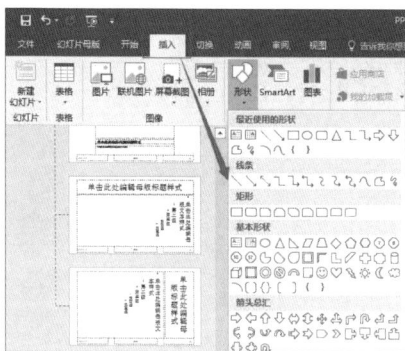

图 7-13　插入【直线】

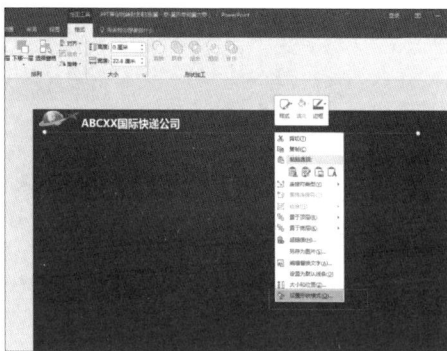

图 7-14　对其点击右键,
选择【设置形状格式】

7.2.5　运用模板

在普通视图中,选择第一张幻灯片,直接点击鼠标右键,选择【新增幻灯片】,然后再点击右键,选择【版式】中的"标题幻灯片",这样就选择了我们需要的版面,如图 7-16 所示。

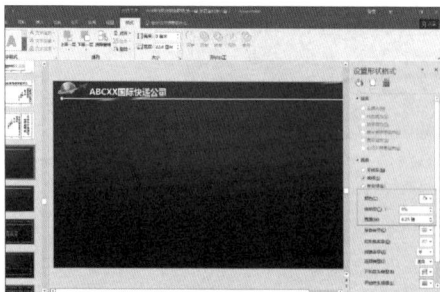

图 7-15　对直线设置颜色和粗细

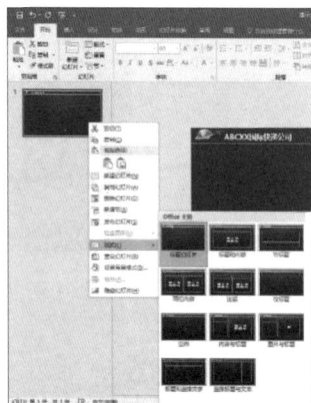

图 7-16　可以选择对应模板

至此,我们已将 PPT 的基本操作操作了一遍。包括怎样设置母版,怎样插入文字,图片,设置背景,怎样在母版视图和普通视图之间进行切换,以及怎样对 PPT 中的元素进行设置。如果下面的操作有什么疑问,反复练习这个部分即可。

7.3　一段文字的 9 种快速排版方法

PPT 制作中,最头疼的无疑是文字 PPT 的排版,这里介绍 7 种方法,轻松解决文字排版难题。

7.3.1　提取关键词

假如我们手里有这么一段文字,要进行 PPT 制作,如图 7-17 所示。

关键字的提取主要是提取关键信息,排除一些不必要加入 PPT 的文字,这样做的目的是简化版面,文字太多反而让人看不清关键信息,图 7-17 经过简化后,精简成图 7-18 的内容。

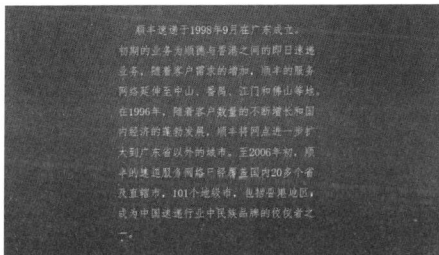

图 7-17　要制作 PPT 的文字
（文字来自网络）

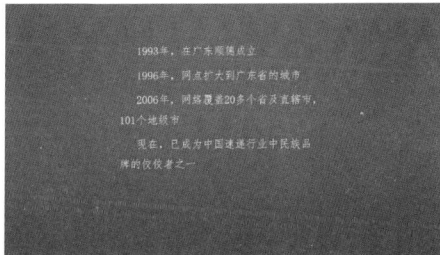

图 7-18　提取关键字

7.3.2　用项目符号排版

项目符号的位置是在【开始】菜单的中间,选中文字,然后选择一个项目符号样式,即可完成排版,如图 7-19 所示。

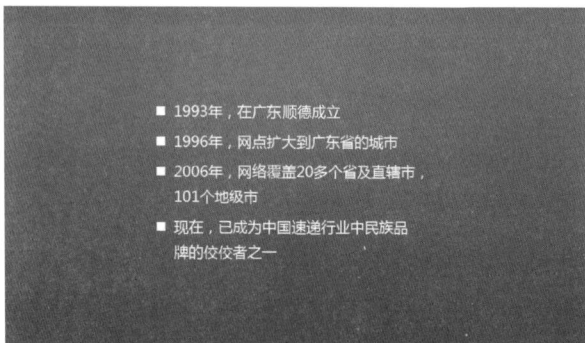

图 7-19　加入项目符号

7.3.3　用 PNG 图标排版

　　PNG 图标的下载方式，在第一章已介绍过。在下载好的 PNG 图标中，选择插入到对应的文字即可，排版效果如图 7-20 所示。

7.3.4　左图右文排版

　　图片对版面档次的提升非常关键，第一章也介绍了图片的下载方式，排版后的效果如图 7-21 所示。

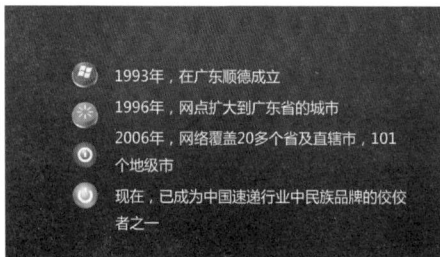

图 7-20　加入 PNG 图标

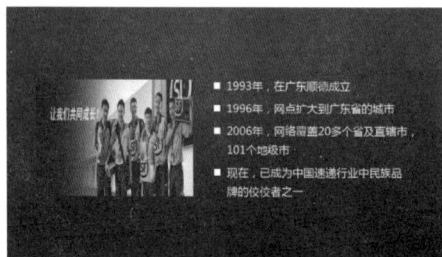

图 7-21　左图右文排版（图片来自网络）

7.3.5　加入线条排版

　　线条可以在版面中起到分割或者强调等作用，加入线条后，版面效果持续优化，如图 7-22 所示。

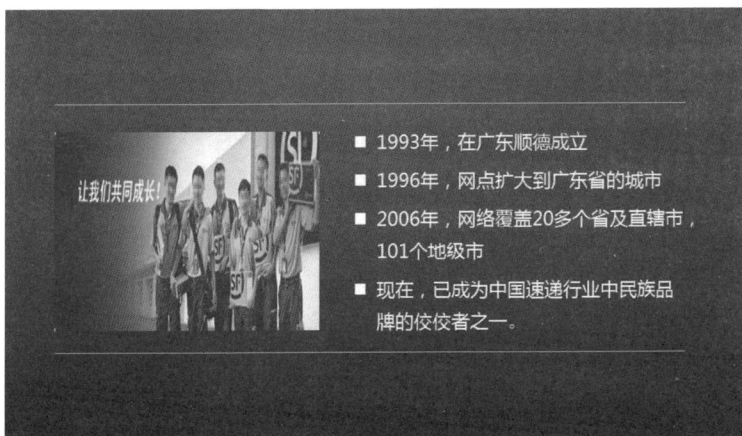

图 7-22　加入线条排版（图片来自网络）

7.3.6　右图左文排版

右图左文也是一种不错的排版方式，如图 7-23 所示。

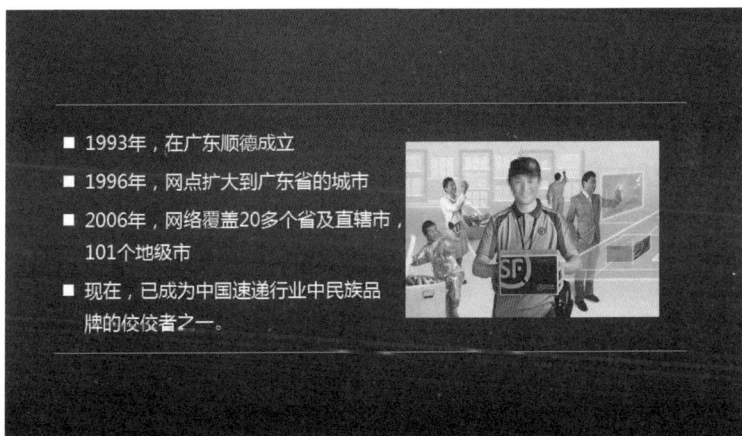

图 7-23　右图左文（图片来自网络）

7.3.7　加入色块背景排版

加入色块作为小背景，可以突出主题，让版面更加时尚。

STEP 1：插入【矩形】。选择【插入】的【矩形】，调整大小，如图 7-24 所示。

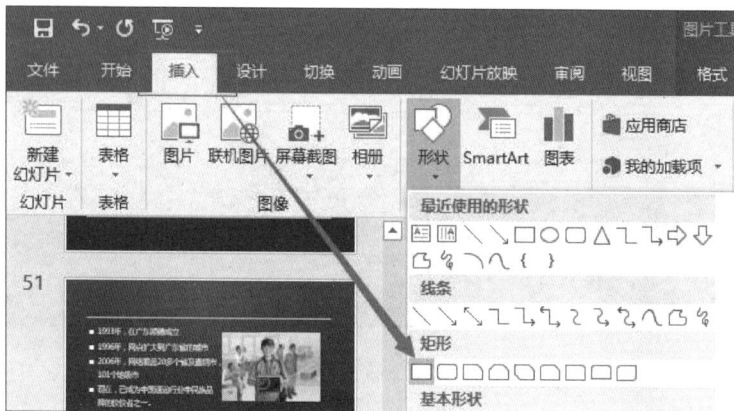

图 7-24　插入【矩形】

STEP 2：设置颜色和透明度。选择矩形，点击鼠标右键，设置颜色为灰色，透明度调整为合适大小，让文字出现在矩形上方，并将边框调整为无线条，让边框变成透明，如图 7-25 和图 7-26 所示。

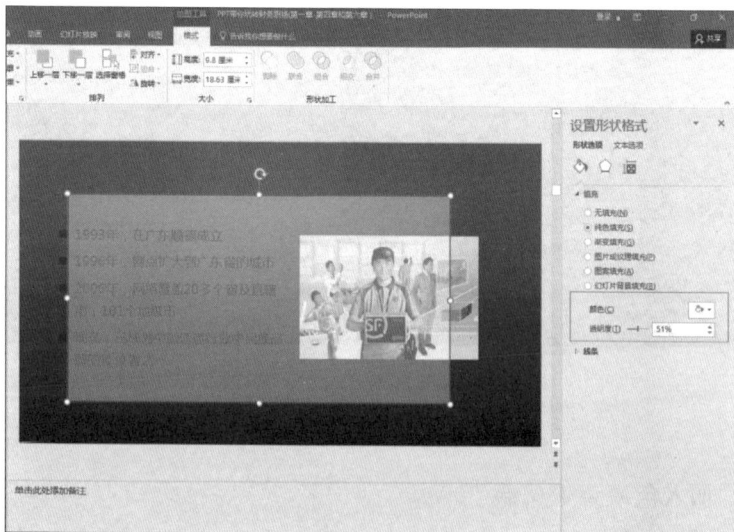

图 7-25　设置颜色和透明度

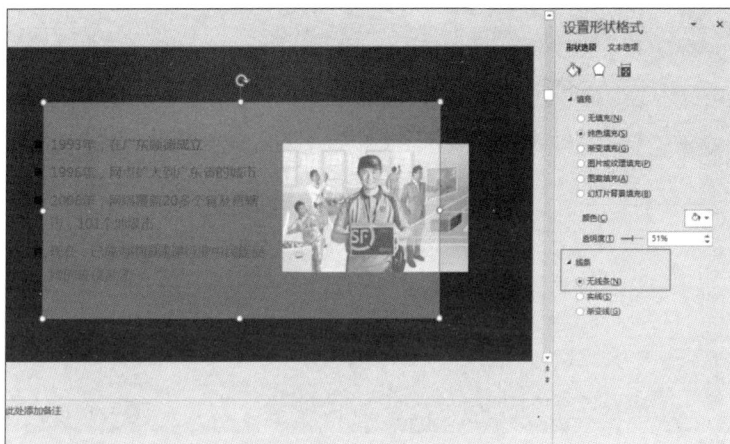

图 7-26　设置边框为无线条

STEP 3：调整层次。点击鼠标右键，【置于底层】中选择【下移一层】，再重复操作一次，让文本框和图片在其上方显示，如图 7-27 和图 7-28 所示。

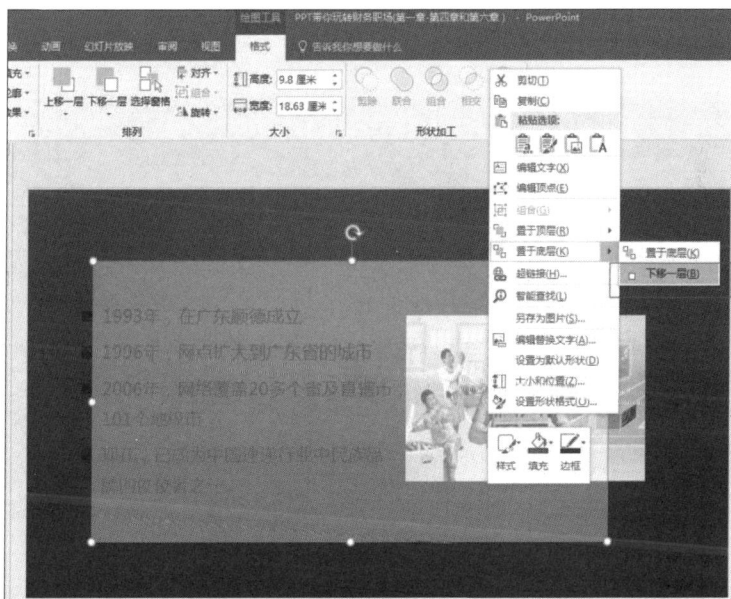

图 7-27　调节层次

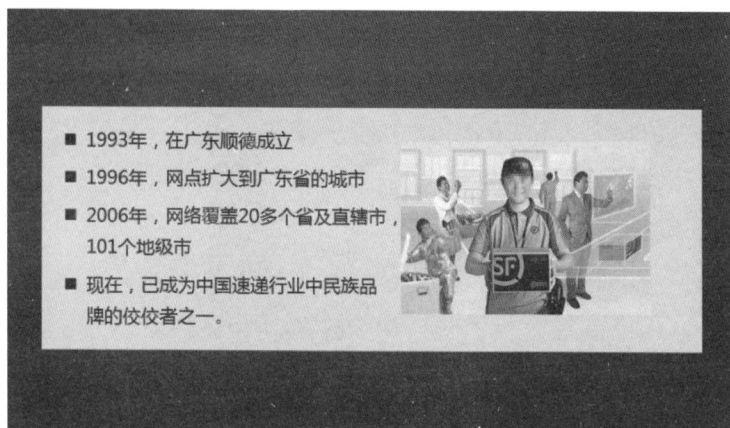

图 7-28　用色块排版（图片来自网络）

7.3.8　多图片配合排版

有时，如果感觉这张 PPT 很重要，可以加入多张图片配合每句话来排版，如图 7-29 所示。

图 7-29　多图片配合排版（图片来自网络）

7.3.9　关系图排版

如果加入时间轴排版，效果更加，制作方法上面都已经说了，无非是多插入几个圆形,制作过程留给大家练习,如图 7-30 所示。

图 7-30　关系图配合排版(图片来自网络)

7.4　快速掌握商务 PPT 动画

7.4.1　页面动画和对象动画的作用

　　PPT 的动画有两种,一种是页面动画,即不同幻灯片切换时产生的动画。另外一种是对象动画,即对 PPT 中的图表、形状、图片、文字等设置的动画。对应的菜单分别为【切换】和【动画】。

　　页面切换动画设置非常简单,包括【细微】、【华丽】和【动态内容】三大类,每个大类还包括很多小类。一般我们只是在想强调某一页时,才加入页面动画。大家可以自己试试效果,如图 7-31 所示。

图 7-31　页面切换动画

对象动画包括【进入】、【强调】、【退出】和【动作路径】四大类,如图 7-32 所示。四类动画特点如下所示。

(1)【进入】动画。意思是从无到有,如果你想让一个图片,只在你点击鼠标的时候才出现,那么可以选择此类动画。

(2)【强调】动画。意思是从有到有,如果你想让一个图片演示过后,再变个颜色,可以选择此类动画。

(3)【退出】动画。意思是从有到无,如果你想让一个图片演示过后消失,可以选择此类动画。

(4)【动作路径】动画。意思是移动对象,如果你想让一个图片从左边飞到右边,可以选择此类动画。

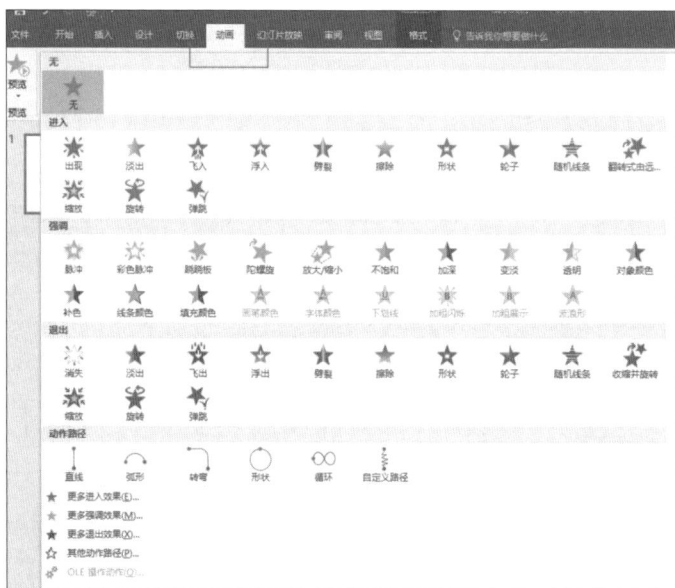

图 7-32　对象动画

职场 PPT 演示中,动画要慎用,动画用多了会让人反感,淡化主题,起到反作用。这里结合实操,给大家介绍几个比较实用的动画实操案例。

7.4.2 用动画表现:公司的业绩蒸蒸日上

如果我们想表现如图 7-33 所示的文字,首先提取里面的数字,做成表格,然后用动画突出表格中的关键业绩数字。

STEP 1:转换为表格,如图 7-34 所示。

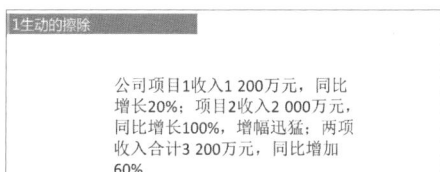

图 7-33 要做成动画的文字

图 7-34 文字转换为表格

STEP 2:插入动画对象。先插入一个矩形,选中并单击鼠标右键,设置颜色为透明色,再用鼠标调整矩形大小,将矩形尺寸调整为刚好能够将"差异比较"列区域覆盖,如图 7-35 所示。

STEP 3:加入动画。选中矩形,在【动画】中选择【擦除】,在右侧的【效果选项】中选择【自底部】,如图 7-36 ~ 图 7-38 所示。

图 7-35 插入矩形

图 7-36 加入动画

图 7-37 设置【效果选项】

图 7-38 设置动画显示方式

STEP 4:优化设置。点击【动画】—【动画窗格】,在右侧出现的动画窗格中选中矩形动画,点击鼠标右键,选择【单击开始】。这里的【单击开始】意思是动画在点击鼠标后才出现;【自上一项开始】意思是如果设置了两个以上动画对象,则同时出现动画;【自上一项之后开始】意思是如果设置了两个以上动画对象,则这个动画对象在其他对象动画结束后再演示动画。

最后,将矩形置于底层,并放置在表格后。演示幻灯片,强调业绩的动画就做好了,如图 7-39 所示。

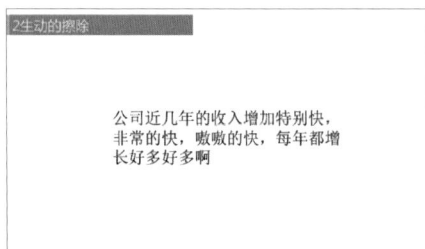

图 7-39　动画设置完成

再举一个例子,如果我们想表现图 7-40 所示的文字,首先收集数据,做成图 7-41 所示的柱形图,然后通过每年数据代表的柱子增长,来展示我们的业绩增长。

STEP 1:转换为柱形图。插入柱形图方法为【插入】—【图表】—【柱形图】,然后输入数据即可生成,如图 7-41 所示。

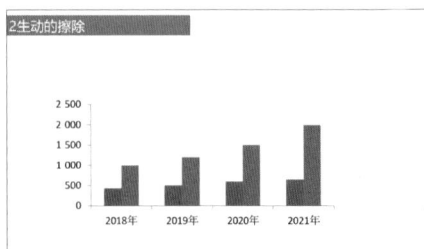

图 7-40　要做成动画的文字　　　　　图 7-41　把数据绘制成柱形图

STEP 2:加入动画。选中柱形图,在【动画】中选择【擦除】,在右侧的【效果选项】中选择【自底部】和【按类别】,这样柱形图的每个类别就可以分别出现动画了,如图 7-42 所示。

STEP 3:优化设置。【插入】—【形状】—【矩形】,旋转为竖直的,选中后,点击鼠标右键,选择【编辑文字】,输入文字"收入突破两千万元",如图 7-43所示。

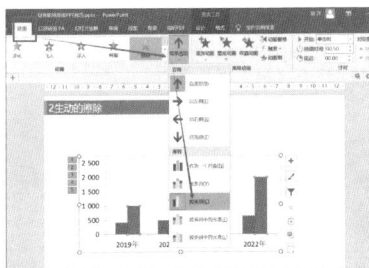

图 7-42　加入动画

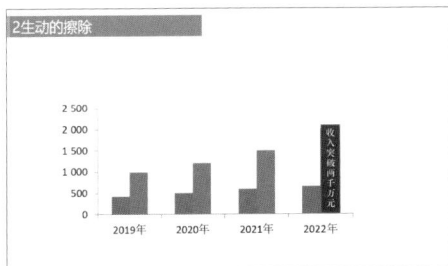

图 7-43　多插入一个矩形

最后,移动矩形将其覆盖在柱形图最后一个柱子上,大小让其正好盖住柱子。对齐设置动画,选中矩形,选择【动画】—【随机线条】,在【动画窗格】,对该动画点击鼠标右键,选择【从上一项之后开始】,如图 7-44所示。

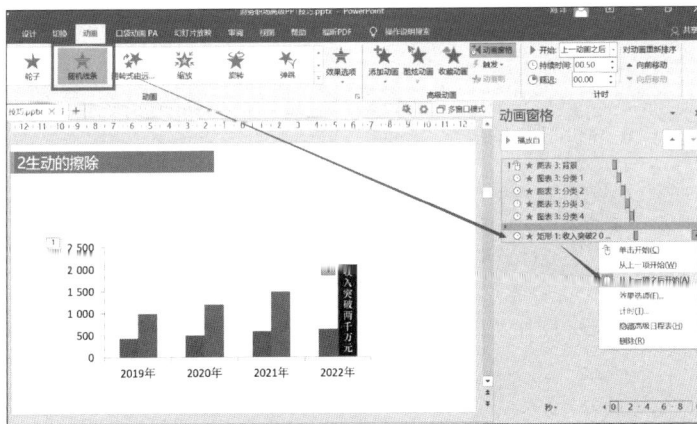

图 7-44　对矩形设置动画

现在柱形图每个柱子依次出现,之后还对最后一年的业绩进行了一下强调,商务范立马凸显。

7.4.3 用动画表现:公司的管理团队特别牛

要想展示公司有一个非常牛的团队,设置也是一样的,无非是先设置动画效果,再设置动画效果选项,之后对动画窗格的动画时间轴进行设置,如图 7-45,图 7-46 和图 7-47 所示。

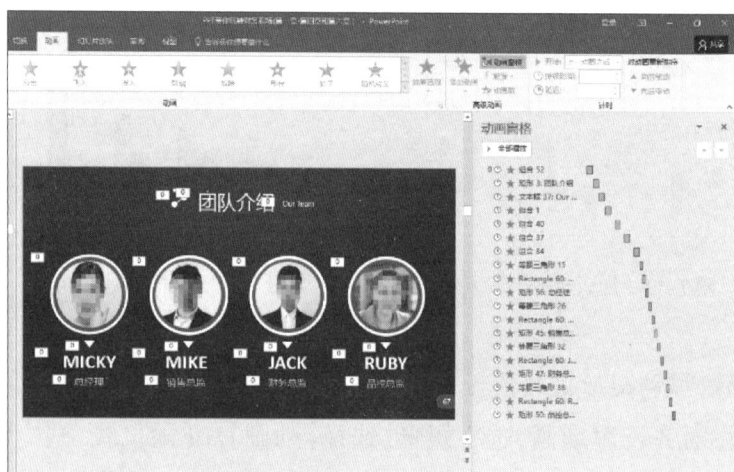

图 7-45　动画设置(图片来自网络)

图 7-46　介绍团队(图片来自网络)

图 7-47　介绍核心成员(图片来自网络)

7.5　经营分析会 PPT 实战案例赏析

7.5.1　经营分析会 PPT 结构设计

公司经营分析会也叫经济运行分析会,财务分析会等,是公司内非常重要的会议。一般来讲是每个季度召开一次,目的是回顾重要工作进展,监控运营及财务指标,布置下一步重点工作。

由于企业所在的行业不同,规模也不同,经营模式更是千差万别,所以,每个企业的经营分析会报告材料的架构也必然不同。读者们要结合企业需求实际,设计适合企业自身需要的架构。

大体来看,一个企业的经营分析报告需要包括哪些方面的内容呢? 第一,分析外部环境,使企业管理层知道企业的竞争和生存状态;第二,分析预算执行进度,预算是数字化的工作计划,预算执行的好坏,反映了企业的经营计划落实情况;第三,分析考核指标完成情况,考核涉及全体员工的自身利益,所以分析到位;第四,分析重点工作,重点工作往往反映了企业发展的大方向,要跟紧;第五,提出有价值的建议,这是全篇的点睛之笔,如果没有建议,分析也就变成了简单的事实罗列。这里也给大家一个经营分析会材料架构的基本参考,如图 7-48 所示。

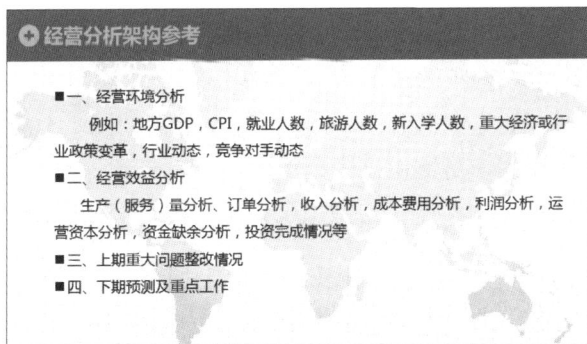

图 7-48　经营分析会材料架构参考

7.5.2　经营分析会 PPT 实战案例

本节,我们给出了一套完整经营分析的 PPT 模板给大家参考,模板中的数据没有内在逻辑关系,公司名称和业务纯属虚构,大家只需要关注架构、思路还有做法就行。

一般经营分析会的封皮,要显得有商务范,必须要有图片作为背景衬托。图片可以是公司的形象照,也可以是网上下载的商务图片。如图 7-49 所示,底部是一张商务图片,中间用两个色块和文本框加入了标题,右下角标明了汇报部门。

经营分析会的目录不要太花哨,选择商务风为宜,如图 7-50 所示。因为领导在讲目录的时候,时间不会很长,过于绚烂的效果会影响开会的严肃性。

图 7-49　经营分析会—封皮

图 7-50　经营分析会—目录

过渡页的作用是提示我们的讲解到了第几部分,例如这张 PPT 展示的就是我们已经进入了第一部分公司经营环境分析,如图 7-51 所示。

公司的发展历史是很重要的,它说明了公司经营现状是怎么发展而来的。可以深刻的揭示公司现有的经营优势来源。这种图用了图片和线条配合的形势,制作的时候,可以先画出中间的大时间轴横线,然后再制作出 1998 年成立时的单个部分,对其全选,点击鼠标右键进行组合后,剩下的三个复制粘贴过去,修改文字即可,如图 7-52 所示。

图 7-51 经营分析会—过渡页 1

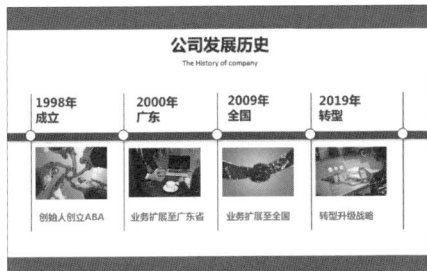

图 7-52 经营分析会—内容页 1

图 7-53 为 PEST 行业分析,展现了该公司在行业内的优势和劣势,进而可以发现下一步要努力的方向,以维持优势,克服劣势。右侧的每条关键词,都是以一个正方形和对钩(或叉)组合,加上一个文本框。

图 7-54 展示了 2021 年的营业额和同比增长率,下方展现了公司 2019 年—2021 年的业务量、营业额和利润率。下面每年的数据,都是用文本框单独列示的,做好一年的数据后,进行组合,复制粘贴,进行修改,即可快速做出其他两年的数据。

图 7-53 经营分析会—内容页 2

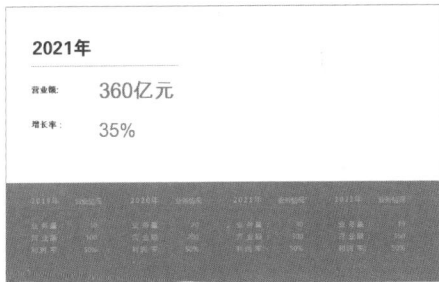

图 7-54 经营分析会—内容页 3

图 7-55 展示了公司 2021 年的战略布局。先画出中间的五边形,然后再插入两个文本框,分别输入"2 月"和"快递网",放置在对应位置,之后加入竖线箭头和燕尾形箭头,调整大小和位置,绘制好 2 月份的展示区域后,复制粘贴,修改文字即可完成 6 月、8 月和 12 月的内容。

图 7-56 为过渡页,意思是要开始展示第二部分公司经营效益情况了。

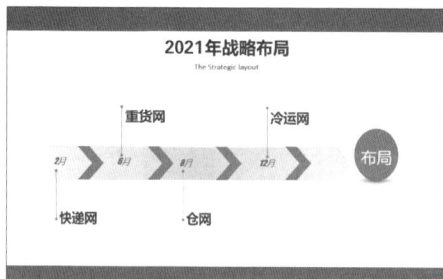

图 7-55　经营分析会—内容页 4

图 7-56　经营分析会—过渡页 2

图 7-57 主要由三个图层组成，最底层是一张商务图片，图片上面用了母版，接着在母版上面加入了几个文本框，分别展示了指标完成情况和经营效益情况。

图 7-58 展示的营业收入、成本费用以及营业利润看起来是一张表格，实际上是采用了多个文本框对齐排列的方式。这种形式看起来简单大方，但缺点是排版费劲，不如表格来得快速。

图 7-57　经营分析会—内容页 5

图 7-58　经营分析会—内容页 6

图 7-59 对各项数据进行详细展示分析。例如，该页就展示本年和上年的销售额对比，采用了柱形图对比两年销售额，采用折线图展示增长率。

图 7-60 用柱形图对公司各客户的销售额进行排名对比，旨在发现公司重要客户对公司收入的贡献，结合客户的实际情况分析，可以看出公司的收入来源是否稳定。

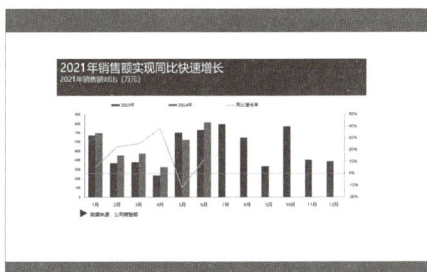

图 7-59　经营分析会—内容页 7

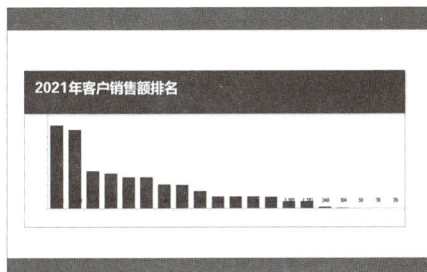

图 7-60　经营分析会—内容页 8

图 7-61 利用柱形图对公司本年收入的实际数和预算数进行了对比,目的是分析发现每个月的收入预算完成情况。

图 7-62 用表格的形式展现了公司本年收入与上年数及预算数的对比情况。表格的好处是对多个维度的数据对比较清晰。如果使用柱形图进行对比,则要分两张图进行,一张图对比上年数,一张图对比预算数。

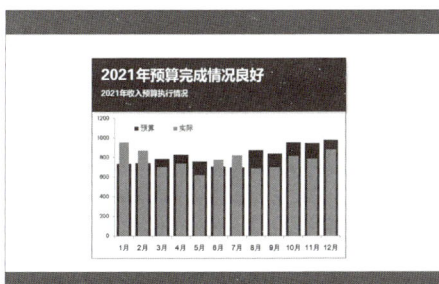

图 7-61　经营分析会—内容页 9

图 7-62　经营分析会—内容页 10

图 7-63 用饼图将公司的成本费用结构展现出来,饼图对于收入结构,成本结构以及其他数据的占比分析都非常直观。

图 7-64 对各项成本费用的本年数与上年数及预算数进行了对比。

图 7-65 用背靠背图展示了同一个数值范围的多个数据,该页的资产负债率、总资产报酬率、净资产收益率等数据范围均处于 1 以内,这样用背靠背图进行多个数据的两年对比,非常直观。

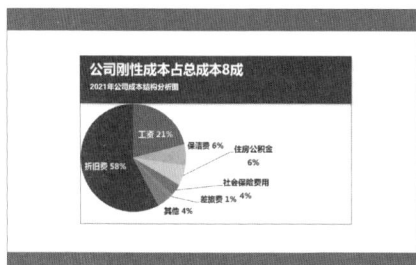

图 7-63　经营分析会—内容页 11

图 7-64　经营分析会—内容页 12

图 7-66 提示我们,报告已经进入第三部分专项报告项目,也就是专项情况报告。

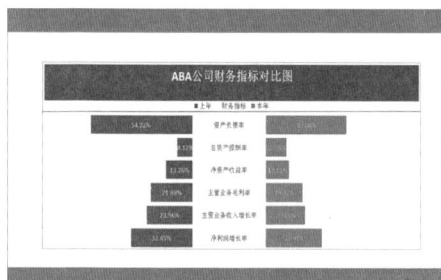

图 7-65　经营分析会—内容页 13

图 7-66　经营分析会—过渡页 3

　　第三部分内容体现 PDCA 管理理念。如果上一期经营分析会有问题没有解决的,在这里还要做一下说明,为什么没有解决,打算什么时候解决,打算怎么解决。如果上期问题已经解决,那么就直接对本次发现的问题进行分析。

　　以下几张 PPT 制作基本逻辑是:问题发现、基本情况分析、原因调查、原因分析、解决建议,如图 7-67 ~ 图 7-71 所示。图 7-72 提示我们,报告已经进入第四部分的内容,即下一步工作计划。

图 7-67　经营分析会—内容页 14

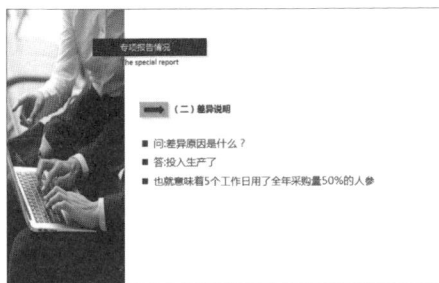

图 7-68　经营分析会—内容页 15

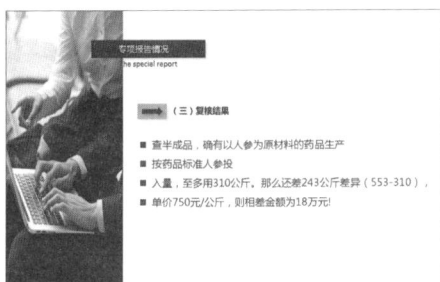

图 7-69　经营分析会—内容页 16

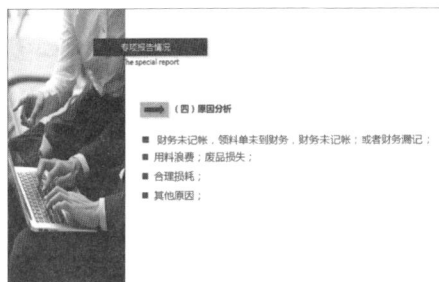

图 7-70　经营分析会—内容页 17

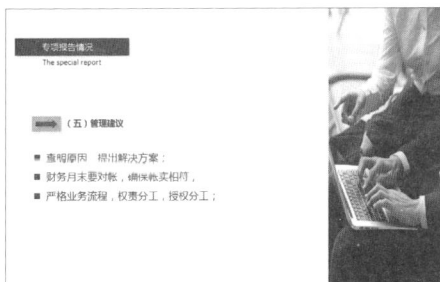

图 7-71　经营分析会—内容页 18

图 7-72　经营分析会—过渡页 4

　　第四部分主要围绕汇报者或汇报部门的职责进行,例如财务部门的职责通常包括账务管理,资金管理,报表管理,预算管理,收支管控等。在写下一步工作时,可以围绕以上的职责展开,挑选其中的几个方面展开。但是,工作计划最忌讳面面俱到,全面意味着没有重点,因此,在写工作计划时,除了要围绕本身职责外,还要梳理出下一期的主要工作重点,如图 7-73 ~ 图 7-76 所示。

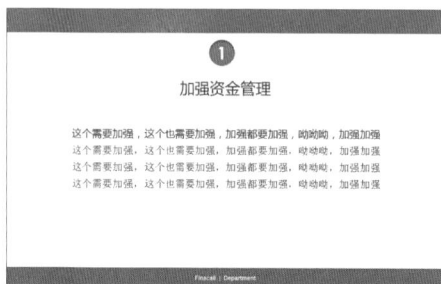

图 7-73　经营分析会—内容页 19

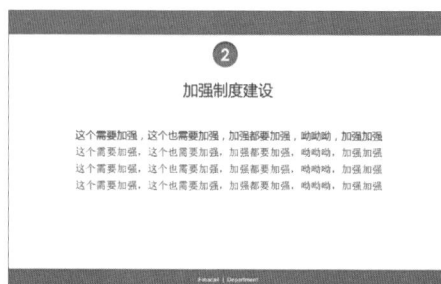

图 7-74　经营分析会—内容页 20

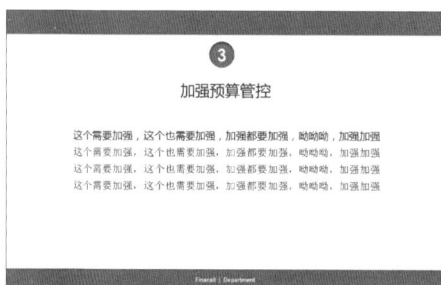

图 7-75　经营分析会—内容页 21

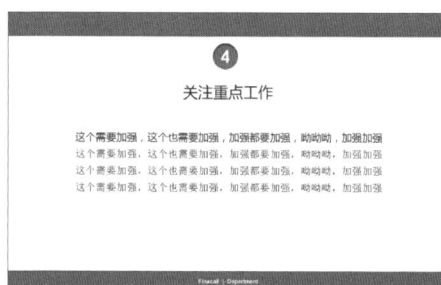

图 7-76　经营分析会—内容页 22

图 7-77 为结束页,一般与封面页风格一致,文字内容一般为"谢谢!""感谢聆听!""感谢大家!""THANK YOU! 请多指教!""END!"等。

图 7-77　经营分析会—结束页

本章小结

在本章,我们学习了 PPT 菜单都包括了哪些主要内容,掌握了设计一套带有公司 Logo 的 PPT 模版的制作技巧,也了解了如何把一段文字用 7 种方法快速排版,最后我们一起学习了在 PPT 中使用动画,并用实例展示了经营分析会 PPT 的制作方法。通过本章的学习,我们了解了一套 PPT 基础的制作方法,为下一章节的实战提升打下基础。

实战篇

| 第 8 章 |

家电制造业公司财务分析实战

从本章开始,我们进入了本书的实战篇。实战篇包括第九章至第十四章,会解读到六大行业上市公司真实报表,涉及的行业有制作业、房地产业、互联网平台、电子商务、新媒体、新零售。

说到财务分析,制造业就不得不第一个说起。因为,制造业在 MBA 案例教学中是案例最全的行业,历史悠久,案例也都比较完整,且在竞争中不断进化。理解了制造业,再学习其他行业的财务分析,就会省力很多。这里,我们以制造业中的家电制造业公司进行举例分析。

8.1 家电制造业行业概况

根据贝壳研投的资料,整个家电行业 2019 年营收规模约 1.53 万亿元,2020 年营收规模约 1.45 万亿元,如图 8-1 所示。

2016年—2020年家电行业营收范围（万亿元）

图 8-1　家电行业应收规模

家用电器具体可以划分为白色家电、黑色家电、厨房电器、小家电。注意，这里的家电分类跟本书之前章节阐述的分类有所不同，因为所谓的行业细分领域是没有一个完全固定的概念，每个投资机构都有自己的理解。读者可以结合自己的理解，选择最合适的分类，如图 8-2 所示。

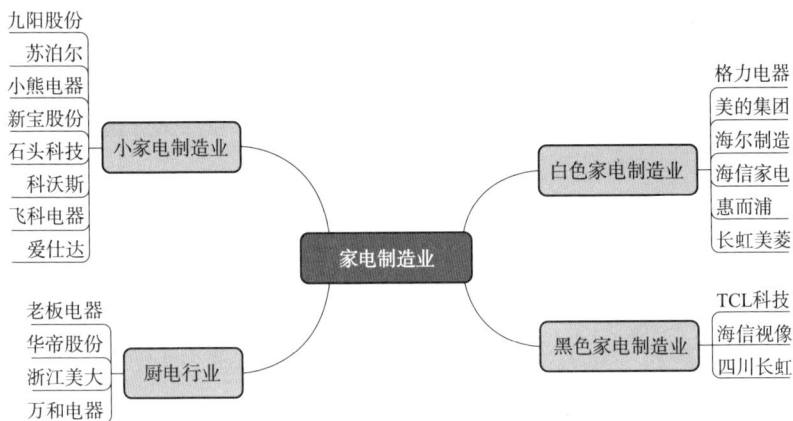

九阳股份
苏泊尔
小熊电器
新宝股份　　　小家电制造业　　　　　　　　　　　格力电器
石头科技　　　　　　　　　　　　　　　　　　　美的集团
科沃斯　　　　　　　　　　　白色家电制造业　　海尔制造
飞科电器　　　　　　　　　　　　　　　　　　　海信家电
爱仕达　　　　　　　　　　　　　　　　　　　　惠而浦
　　　　　　　　　　家电制造业　　　　　　　　长虹美菱
老板电器
华帝股份　　　　　　　　　　　　　　　　　　　TCL科技
浙江美大　　　厨电行业　　　黑色家电制造业　　海信视像
万和电器　　　　　　　　　　　　　　　　　　　四川长虹

图 8-2　家电制造业行业细分

1. 白色家电

这是指可以减轻人们的劳动强度或改善生活环境、提高物质生活水平的家用电器，比如洗衣机、空调等。白色家电比较有名的就是三巨头——格力电器、美的集团和海尔智家。典型的白色家电企业情况如下所示。

格力电器：上市多年，空调界的龙头企业，2019 年空调市场份额 32%，排名第一。最关键的是，格力在产业链中话语权很高，一方面可以控制生产成本，另一方面具有价格转移的能力。

美的集团：如果说空调，能与格力相比的恐怕只有美的了。不过美的业务更加多元化，目前有消费电器、暖通空调、机器人与自动化系统和数字化业务四大业务板块。美的的小家电也很有名，电饭煲、电磁炉等份额均是第一。

海尔智家：冰箱、洗衣机市场份额长年第一。十年之前，海尔可是碾压格力和美的，如今只能排在它们后面。

海信家电：1999 年上市的老企业，就是曾经的科龙电器，海信家电和海信视像都属于海信集团。

惠而浦：主攻洗衣机，旗下有惠而浦、帝度和荣事达三大品牌。不过份额不是太高，近两年业绩表现也一般。

长虹美菱：该公司产品线覆盖冰、洗、空、厨卫等，同时进入生物医疗等新产业领域，它的主导产品美菱冰箱是国家出口免验产品。

2. 黑色家电

这是指那些能够给人们带来娱乐、休闲的家用电器，比如电视机、音响等。典型的黑色家电企业情况如下所示。

TCL 科技：1982 年成立，2004 年上市。电视机，冰箱、洗衣机它都生产，还有集成灶、智能家居。

海信视像：电视机业务占比近 90%，从 2004 年至今，海信电视连续十多年在中国彩电市场上占有率位居第一。2019 年，全球销量突破 2 000 万台，在海外市场中的南非、澳洲、日本市场，海信电视的销量均收获了第一。

四川长虹：1993 年成立，第二年随即上市，主营视频产品、视听产品、空调产品、电池系列产品的制造和销售。

3. 厨房电器

这是指厨房大型电器，如集成灶、抽油烟机等。典型的厨房电器企业情况如下所示。

老板电器：说到油烟机，肯定会想到老板和方太，不过方太还未上市，老板电器是抽油烟机的"真老板"。该公司盈利能力比较突出，市场份额也在逐年提升，2019 年，该公司油烟机和燃气灶市场份额分别为 28% 和 26%，市占率第　。

华帝股份：油烟机和灶具生产制造商，但该公司有存货积压问题，应收账款较多、收回速度也在减慢。

浙江美大：生产第一台集成灶的企业，最早进入集成灶行业，可以说是该领域的龙头，但规模较小。竞争压力大，直接竞争对手火星人也将要上市,还要应对美的、老板这些跨界者。

4. 小家电

这是一般指除了大功率输出的电器以外的家电,一般这些小家电都占用比较小的电力资源,或者机身体积也比较小。如豆浆机、榨汁机、电磁炉、电热水壶等产品。典型的小家电企业情况如下所示。

九阳股份:擅长用别人的资金赚钱,在行业中话语权高,最近也在主推萌潮小家电。公司产品多元化能够很好地分散风险。目前以中低端产品为主,最近有意向进军高端市场。

苏泊尔:ROE 十分优秀,近十年 ROE 平均值高达 22%,净利率水平高;不过线上渠道不占优势,业绩有下滑趋势。

小熊电器:网红小家电企业,主打线上,近五年线上销售占比都保持在90%。

新宝股份:国内小家电出口龙头企业,与老板电器、九阳这样的企业相比不算优秀。但毛利率提升较快且稳定,最近转型也算比较成功,是一家小而美的企业。

石头科技:扫地机器人的领头羊,最初是为小米代工,目前正在脱离小米,自有品牌优势不断凸显。研发费用率高于同行,市场份额提升迅速,未来潜力大。

科沃斯:石头科技的竞争对手,市场份额目前高于石头科技。自有品牌、自主生产,其间费用率较高,也有小部分代工,表现还算不错。

飞科电器:电动剃须刀,想必大家都知道,不过近几年营收和净利润都在负增长,公司成长性存疑。

爱仕达:炊具业务占比近80%,规模小。

8.2　格力电器、海信视像、老板电器上市公司财务分析

这里,我们选取了典型的白色家电代表格力电器,黑色家电代表海信视像以及厨电代表老板电器,对三个细分行业的典型公司进行财务分析,帮助大家

进一步发现不同细分行业的财务数据特点。以下数据均来自东方财富网。

格力电器:2020 年 9 月底,总市值达到 3 639 亿元,跟家电行业平均值比高出 3 000 多亿元,可谓是航母级的家电制造企业。ROE 净资产收益率达到 11.74%,如图 8-3 所示。

项目	总市值	净资产	净利润	市盈率(动)	市净率	毛利率	净利率	ROE
格力电器	3 639亿元	1 163亿	137.0亿元	19.92	3.17	23.37%	10.96%	11.74%
家电行业（行业平均）	404.8亿元	93.30亿元	10.76亿元	31.39	4.34	25.70%	−2.83%	9.54%
行业排名	2|53	2|53	2|53	11|53	31|53	36|53	19|53	17|53
四分位属性	高	高	高	高	较低	较低	较高	较高

图 8-3 格力电器概况

海信视像:2020 年 9 月底,总市值达到 161 亿元,跟家电行业平均值比要少很多,市值不大,比净资产还要小,说明估值较低。ROE 净资产收益率达到 3.88%,如图 8-4 所示。

项目	总市值	净资产	净利润	市盈率(动)	市净率	毛利率	净利率	ROE
海信视像	160.9亿元	167.5亿元	5.75亿元	20.98	1.08	16.56%	2.86%	3.88%
家电行业（行业平均）	404.8亿元	93.30亿元	10.76亿元	31.39	4.34	25.70%	−2.83%	9.54%
行业排名	15|53	5|53	14|53	12|53	5|53	44|53	42|53	41|53
四分位属性	较高	高	较高	高	高	低	低	低

图 8-4 海信视像概况

老板电器:2020 年 9 月底,总市值达到 378 亿元,跟家电行业平均值比少了一些。ROE 净资产收益率达到 15.56%。在当年疫情的影响下,三个对比公司中,老板电器的净资产收益率还能如此之高,可见其产品竞争力还是比较强的,如图 8-5 所示。

项目	总市值	净资产	净利润	市盈率(动)	市净率	毛利率	净利率	ROE
老板电器	378.0亿元	76.44亿元	11.23亿元	25.25	5.03	57.05%	20.33%	15.56%
家电行业 (行业平均)	404.8亿元	93.30亿元	10.76亿元	31.39	4.34	25.70%	-2.83%	9.54%
行业排名	9|53	10|53	5|53	20|53	40|53	1|53	7|53	13|53
四分位属性	高	高	高	较高	低	高	高	高

图 8-5　老板电器概况

格力电器:2020 年 9 月底,在杜邦分析框架中,格力电器的净资产收益率达到 11.74%,在家电行业算是比较高的。营业净利润率达到 10.82%,总资产周转率达到 0.46 次(转换为总资产周转天数为 782 天,也就是两年周转一次),资产负债率达到 57.57%,如图 8-6 所示。

海信视像:2020 年 9 月底,在杜邦分析框架中,海信视像的净资产收益率达到 3.88%,在家电行业算是比较低的。营业净利润率达到 2.86%,总资产周转率达到 0.92 次(转换为总资产周转天数为 391 天,差不多一年周转一次),资产负债率达到 45.22%,如图 8-7 所示。

老板电器:2020 年 9 月底,在杜邦分析框架中,老板电器的净资产收益率达到 15.56%,在三个家电企业中最高。营业净利润率达到 20.33%,总资产周转率达到 0.5 次(转换为总资产周转天数为 720 天,差不多两年周转一次),资产负债率达到 35.3%,如图 8-8 所示。

三家家电企业中,老板电器的净资产收益率最高,主要是得益于营业净利润率比较高。海信视像净资产收益率最低,因为黑色家电总体的盈利能力比较低。总资产周转率反映了企业的运营效率,三家企业中,海信视像运营效率最高,其实主要还是资产规模小导致的。资产负债率指标,老板电器最低,感觉不是很喜欢用别人的资金做生意,如果老板电器的资产负债率更高一些,他的净资产收益率还会更高,这个其实与企业的经营风格有关,有的企业喜欢借钱做生意,有的企业不愿意,甚至连上市都不愿意,比如华为和老干妈,因为上市后所受到的限制也更多了。

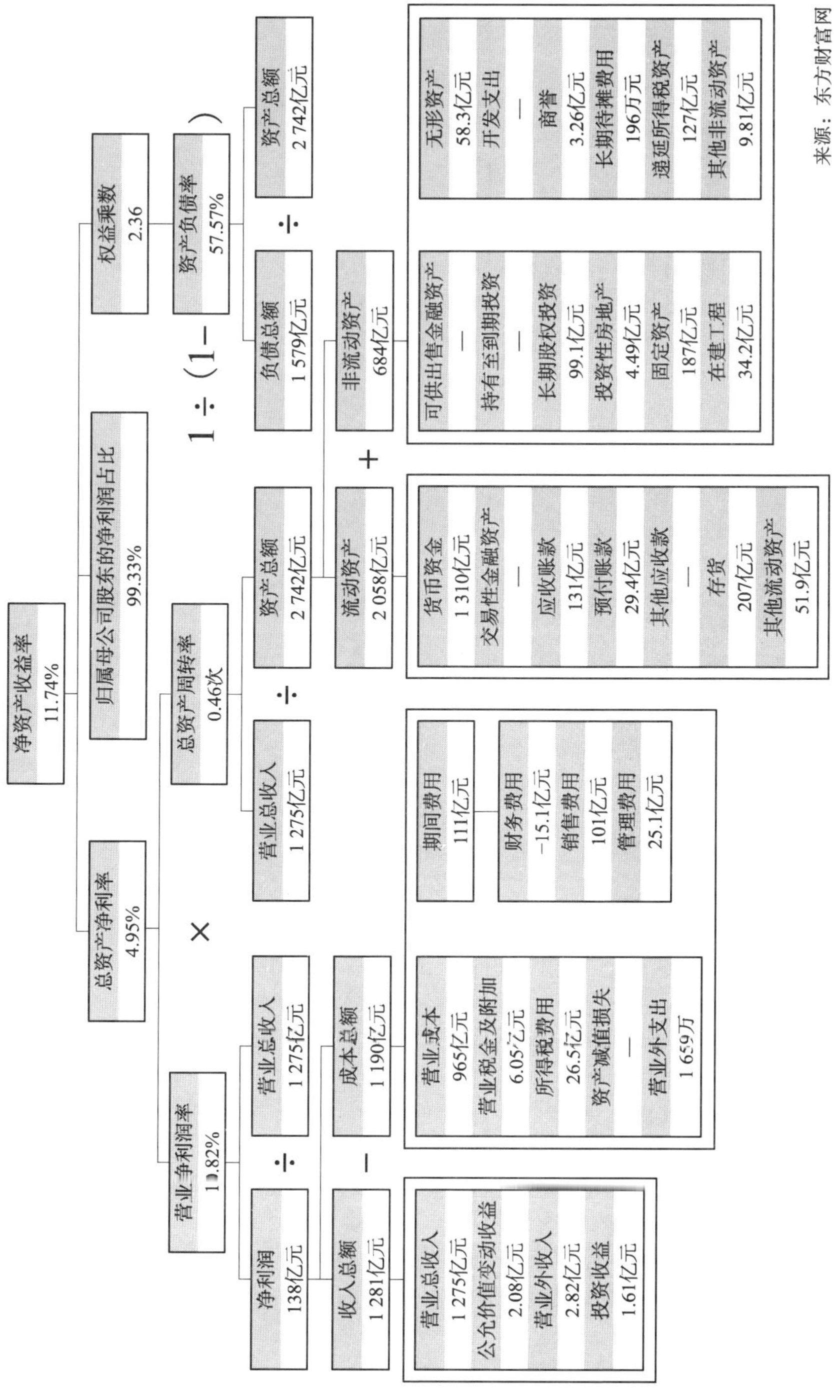

图 8-6　格力电器杜邦分析（2020年9月30日）

来源：东方财富网

净资产收益率 3.88%

权益乘数 1.83

归属母公司股东的净利润占比 73.26%

资产负债率 45.22%

$1 \div (1 - \quad)$

资产总额 306亿元

负债总额 138亿元

资产总额 306亿元

非流动资产 54.4亿元

无形资产 9.91亿元
开发支出 —
商誉 5.31亿元
长期待摊费用 6 585万元
递延所得税资产 10.0亿元
其他非流动资产 3 758万元

可供出售金融资产 —
持有至到期投资 —
长期股权投资 4.47亿元
投资性房地产 7.72亿元
固定资产 15.5亿元
在建工程 1 930万元

总资产净利率 2.62%

总资产周转率 0.92次

营业净利率 2.86%

营业总收入 275亿元

资产总额 306亿元

流动资产 251亿元

货币资金 30.5亿元
交易性金融资产 —
应收账款 28.2亿元
预付账款 1.01亿元
其他应收款 —
存货 34.4亿元
其他流动资产 8.17亿元

期间费用 27.5亿元
财务费用 3 615万元
销售费用 23.0亿元
管理费用 4.16亿元

营业总收入 275亿元

成本总额 259亿元

营业成本 229亿元
营业税金及附加 1.01亿元
所得税费用 1.21亿元
资产减值损失 —
营业外支出 2 956万元

净利润 7.85亿元

收入总额 278亿元

营业总收入 275亿元
公允价值变动收益 2 946万元
营业外收入 3 423万元
投资收益 2.35亿元

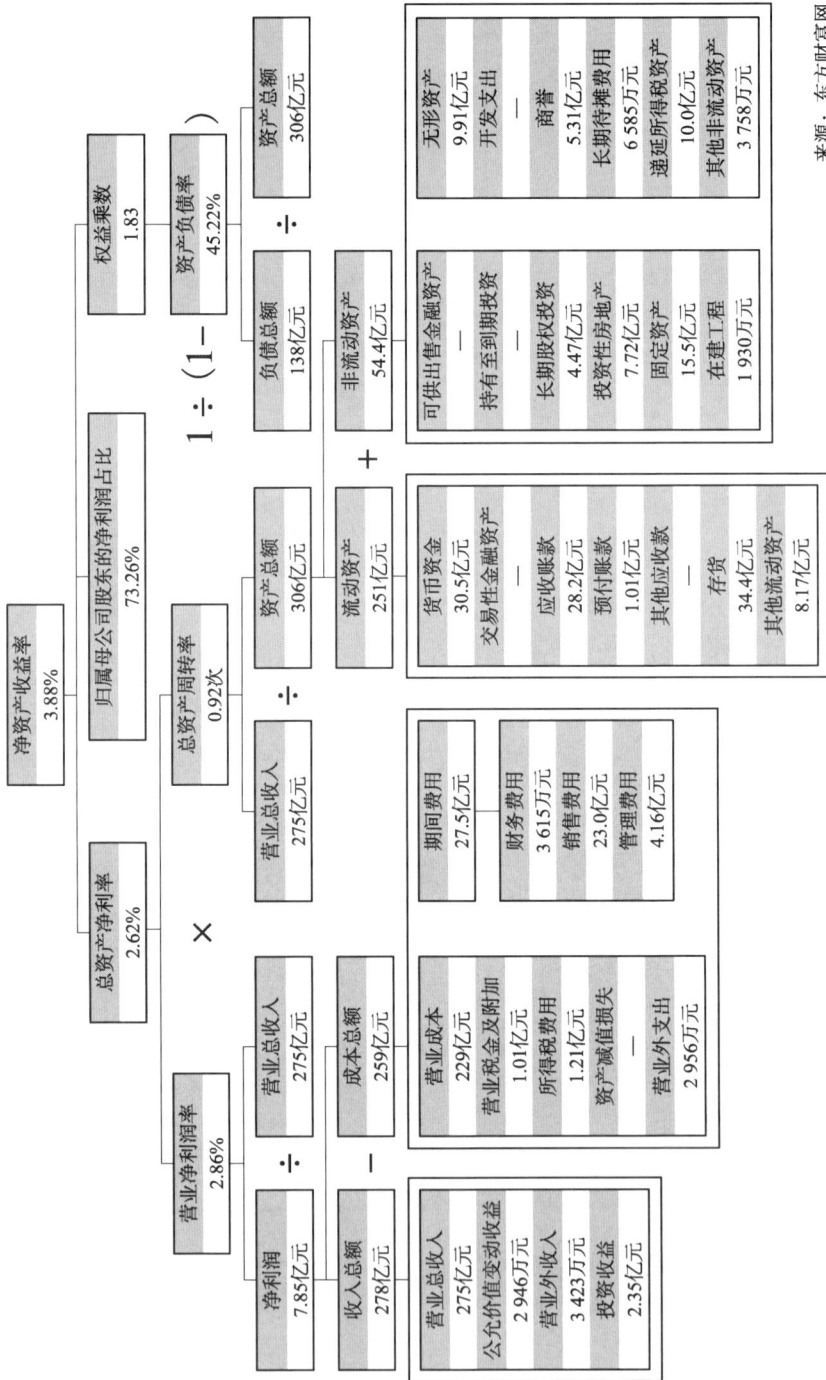

来源：东方财富网

图 8-7 海信视像杜邦分析（2020年9月30日）

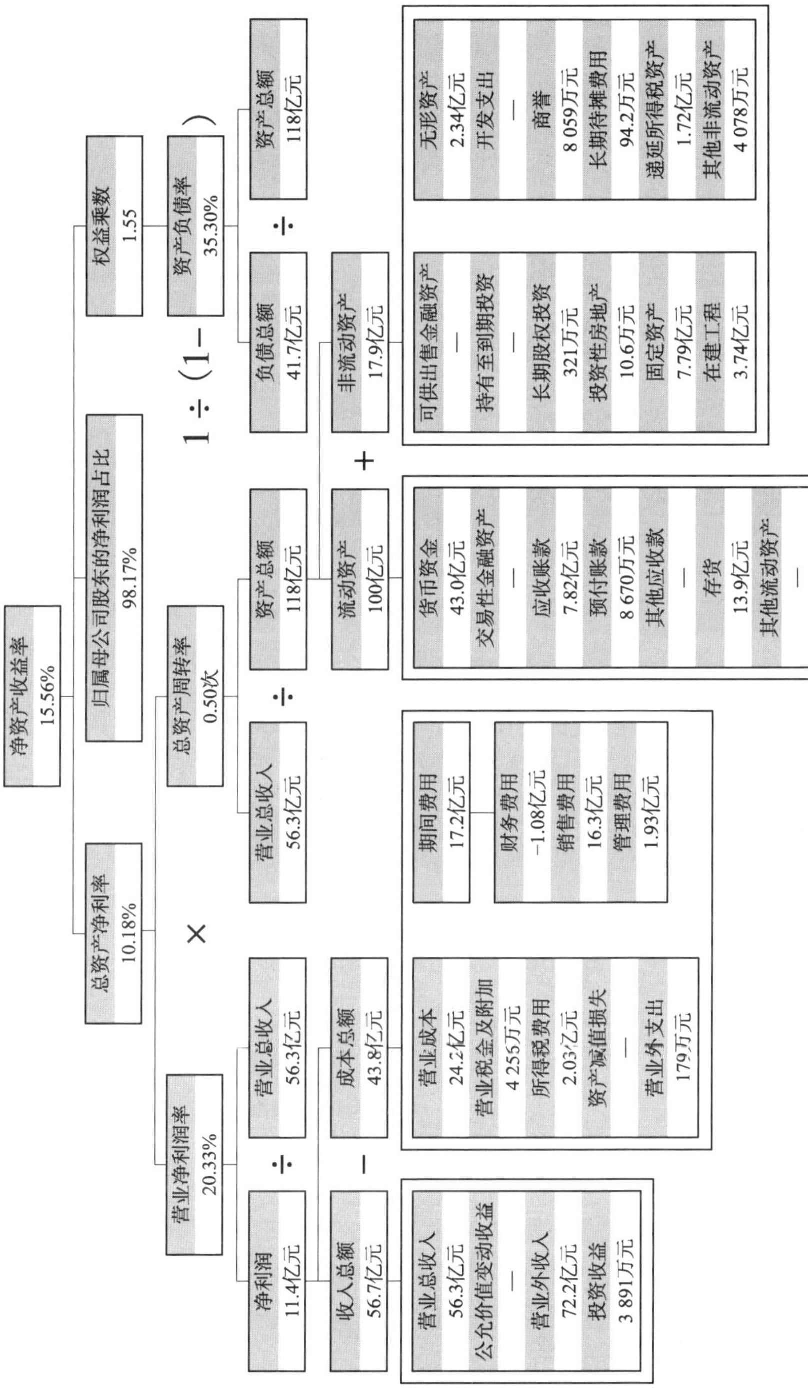

图 8-8 老板电器杜邦分析（2020年9月30日）

来源：东方财富网

净资产收益率 15.56%

归属母公司股东的净利润占比 98.17%

权益乘数 1.55

资产负债率 35.30%

1 ÷ (1 -)

资产总额 118亿元

负债总额 41.7亿元 ÷ 资产总额 118亿元

非流动资产 17.9亿元

无形资产 2.34亿元
开发支出
商誉 8 059万元
长期待摊费用 94.2万元
递延所得税资产 1.72亿元
其他非流动资产 4 078万元

可供出售金融资产
持有至到期投资
长期股权投资 321万元
投资性房地产 10.6万元
固定资产 7.79亿元
在建工程 3.74亿元

+

流动资产 100亿元

货币资金 43.0亿元
交易性金融资产
应收账款 7.82亿元
预付账款
其他应收款 8 670万元
存货 13.9亿元
其他流动资产

总资产周转率 0.50次

营业总收入 56.3亿元 ÷ 资产总额 118亿元

期间费用 17.2亿元

财务费用 -1.08亿元
销售费用 16.3亿元
管理费用 1.93亿元

总资产净利率 10.18%

×

营业净利润率 20.33%

净利润 11.4亿元 ÷ 营业总收入 56.3亿元

收入总额 56.7亿元 - 成本总额 43.8亿元

营业成本 24.2亿元
营业税金及附加 4 255万元
所得税费用 2.03亿元
资产减值损失
营业外支出 179万元

营业总收入 56.3亿元
公允价值变动收益
营业外收入 72.2亿元
投资收益 3 891万元

格力电器:从资产负债百分比报表可以看出,2020 年 9 月底,格力电器总资产达到了 2 742 亿元,其中,货币资金达到 1 310 亿元,占比达到47.77%,是应收账款的 10 倍。非流动资产占比 24.94%,企业的固定资产少,可以方便转型,账上资金多,可以随时进行各类投资,如图 8-9 所示。

指标 2020-09-30	金额(元)	占比
总资产	2 742亿	100%
流动资产	2 058亿	75.06%
货币资金	1 310亿	47.77%
应收账款	130.6亿	4.76%
存货	206.7亿	7.54%
预付账款	29.39亿	1.07%
非流动资产	684.0亿	24.94%
固定资产	187.3亿	6.83%
无形资产	58.28亿	2.13%
长期待摊费用	196.4万	0.00%
金融资产	—	—
总负债金额	1 579亿	100%
流动负债	1 545亿	97.88%
非流动负债	33.55亿	2.12%

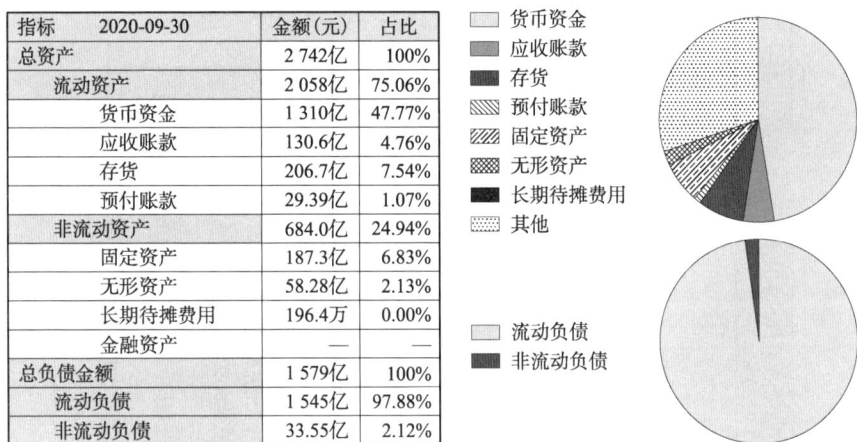

图 8-9　格力电器资产负债百分比报表(2020 年 9 月 30 日)

海信视像:从资产负债百分比报表可以看出,2020 年 9 月底,海信视像总资产达到了 305.7 亿元,其中,货币资金 39.51 亿元,占比达到 9.98%,账上的资金不是很多,与应收账款差不多。非流动资产占比 17.8%,企业的规模不大。如图 8-10 所示。

指标 2020-09-30	金额(元)	占比
总资产	305.7亿	100%
流动资产	251.3亿	82.20%
货币资金	30.51亿	9.98%
应收账款	28.22亿	9.23%
存货	34.39亿	11.25%
预付账款	1.007亿	0.33%
非流动资产	54.42亿	17.80%
固定资产	15.46亿	5.06%
无形资产	9.914亿	3.24%
长期待摊费用	6 585万	0.22%
金融资产	—	—
总负债金额	138.2亿	100%
流动负债	130.9亿	94.67%
非流动负债	7.362亿	5.33%

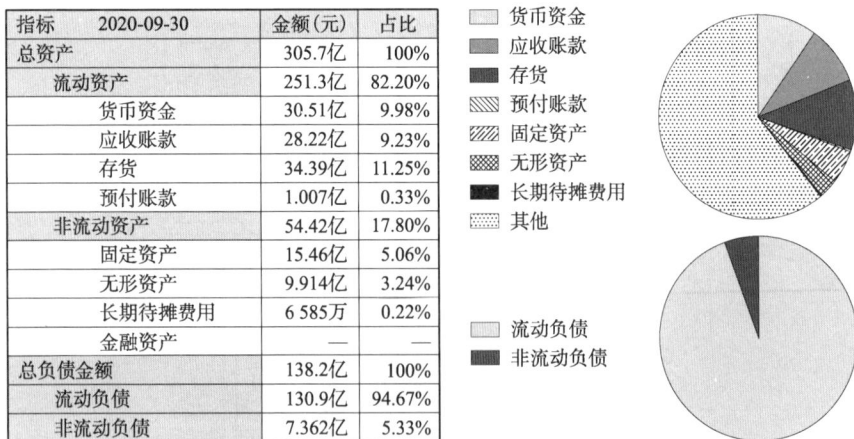

图 8-10　海信视像资产负债百分比报表(2020 年 9 月 30 日)

老板电器：从资产负债百分比报表可以看出，2020 年 9 月底，老板电器总资产达到了 118.1 亿元，其中，货币资金 43.02 亿元，占比达到 36.42%，账上的资金充足，是应收账款的 5 倍。非流动资产占比 15.12%，分析到这里，发现三家企业的非流动资产占比都差不多，如图 8-11 所示。

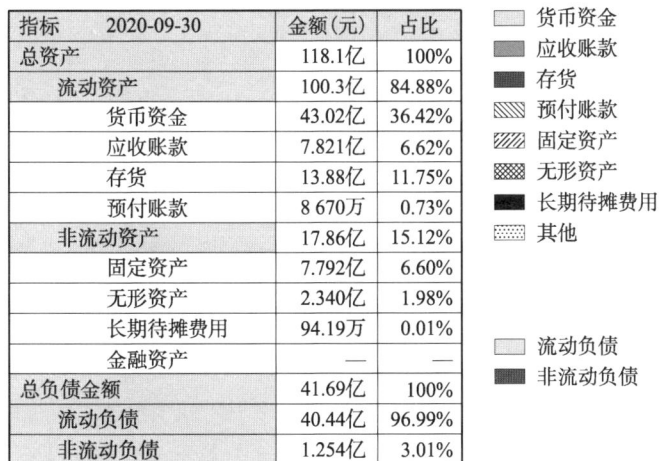

指标　　2020-09-30	金额（元）	占比
总资产	118.1亿	100%
流动资产	100.3亿	84.88%
货币资金	43.02亿	36.42%
应收账款	7.821亿	6.62%
存货	13.88亿	11.75%
预付账款	8 670万	0.73%
非流动资产	17.86亿	15.12%
固定资产	7.792亿	6.60%
无形资产	2.340亿	1.98%
长期待摊费用	94.19万	0.01%
金融资产	—	—
总负债金额	41.69亿	100%
流动负债	40.44亿	96.99%
非流动负债	1.254亿	3.01%

图 8-11　老板电器资产负债百分比报表（2020 年 9 月 30 日）

从以上分析中，我们可以发现，好企业都是有相近之处，比如格力电器和老板电器都是盈利能力高，账上资金很多，应收账款少。跟我们上班族追求一样，最好的工作就是：钱多，事少，离家近。好公司的特点就是：钱多，坏账少，利润高。

格力电器：从历年的营收和效益情况来看，格力电器自 2011 年—2019 年的营业收入保持着教科书式的增长，除了 2015 年家电行业整体收入下滑导致的营业收入增值率下滑外，整体上每年均保持着持续增长的强劲发展态势。由于成本控制得好，净利润也是每年都呈现出持续增加的态势，如图 8-12 和图 8-13 所示。

海信视像：从历年的营收和效益情况来看，海信视像自 2011 年—2019 年的营业收入增长率持续走低，2019 年同比下降。由于营业收入规模上不去，净利润持续走低，如图 8-14 和图 8-15 所示。

利润表	2019-12-31		2018-12-31		2017-12-31		2016-12-31		2015-12-31		2014-12-31	
指标	数值	占比	数值	占比	数值	占比	数值	占比	数值	占比	数值	占比
营业收入(元)	2 005亿	100%	2 000亿	100%	1 500亿	100%	1101亿	100%	1 006亿	100%	1 400亿	100%
营业成本(元)	1 435亿	-71.57%	1 382亿	-69.11%	996亿	-66.37%	729亿	-66.19%	660亿	-65.65%	880亿	-62.87%
营业税金及附加(元)	1 5.4亿	-0.77%	17.4亿	-0.87%	15.1亿	-1.01%	14.3亿	-1.30%	7.52亿	-0.75%	13.6亿	-0.97%
期间费用(元)	197亿	-9.81%	223亿	-11.16%	195亿	-13.04%	171亿	-15.54%	186亿	-18.52%	328亿	-23.40%
销售费用(元)	183亿	-9.13%	189亿	-9.45%	167亿	-11.11%	165亿	-14.96%	155亿	-15.42%	289亿	-20.63%
管理费用(元)	38.0亿	-1.89%	43.7亿	-2.18%	24.5亿	-1.64%	54.9亿	-4.98%	50.5亿	-5.02%	48.2亿	-3.44%
财务费用(元)	-24.3亿	1.21%	-9.48亿	0.47%	4.31亿	-0.29%	-48.5亿	4.40%	-19.3亿	1.92%	-9.42亿	0.67%
资产减值损失(元)	--	--	--	--	2.65亿	-0.18%	-4 391万	0.04%	8 632万	-0.09%	3.98亿	-0.28%
其他经营收益(元)	--	--	--	--	--	--	--	--	--	--	--	--
公允价值变动损益(元)	2.28亿	0.11%	4 626万	0.02%	921万	0.01%	10.9亿	0.99%	-10.1亿	-1.00%	-13.8亿	-0.99%
投资收益(元)	-2.27亿	-0.11%	1.07亿	0.05%	3.97亿	0.26%	-22.2亿	-2.02%	9 665万	0.10%	7.24亿	0.52%
营业利润(元)	296亿	14.77%	310亿	15.50%	261亿	17.41%	175亿	15.90%	135亿	13.44%	161亿	11.49%
加:营业外收入(元)	3.46亿	0.17%	3.18亿	0.16%	5.11亿	0.34%	10.9亿	0.99%	14.0亿	1.40%	7.06亿	0.50%
补贴收入(元)	--	--	--	--	--	--	--	--	--	--	--	--
减:营业外支出(元)	5.98亿	-0.30%	4 123万	-0.02%	2 054万	-0.01%	2 441万	-0.02%	1 105万	-0.01%	4 286万	-0.03%
利润总额(元)	294亿	14.64%	313亿	15.63%	266亿	17.74%	186亿	16.87%	149亿	14.83%	168亿	11.97%
减:所得税(元)	45.3亿	-2.26%	48.9亿	-2.45%	41.1亿	-2.74%	30.1亿	-2.73%	22.9亿	-2.27%	25.0亿	-1.79%
净利润(元)	248亿	12.38%	264亿	13.19%	225亿	15.00%	156亿	14.14%	126亿	12.55%	143亿	10.18%

图 8-12　格力电器利润表分析

图 8-13　格力电器成长能力分析

成长能力指标	19-12-31	18-12-31	17-12-31	16-12-31	15-12-31	14-12-31	13-12-31	12-12-31	11-12-31
营业总收入(元)	2 005亿	2 000亿	1 500亿	1 101亿	1 006亿	1 400亿	1 200亿	1 001亿	835亿
毛利润(元)	547亿	599亿	487亿	354亿	317亿	497亿	397亿	261亿	150亿
归属净利润(元)	247亿	262亿	224亿	155亿	125亿	142亿	109亿	73.8亿	52.4亿
扣非净利润(元)	242亿	256亿	212亿	156亿	123亿	141亿	89.1亿	70.0亿	51.1亿
营业总收入同比增长(%)	0.24	33.33	36.24	9.50	-28.17	16.63	19.91	19.87	37.35
归属净利润同比增长(%)	-5.75	16.97	44.87	23.05	-11.46	30.22	47.31	40.92	22.48
扣非净利润同比增长(%)	-5.51	20.83	35.33	26.69	-12.95	58.80	27.34	26.80	
营业总收入滚动环比增长(%)	-2.97	6.37	8.42	9.39	-18.68	6.63	7.46	3.63	3.64
归属净利润滚动环比增长(%)	-9.21	-6.61	13.77	11.68	-12.24	7.90	12.93	8.58	1.53
扣非净利润滚动环比增长(%)	-6.31	-4.93	8.82	9.15	-10.54	11.05	8.88	6.74	1.91
盈利能力指标	19-12-31	18-12-31	17-12-31	16-12-31	15-12-31	14-12-31	13-12-31	12-12-31	11-12-31
加权净资产收益率(%)	25.72	33.36	37.44	30.41	27.31	35.23	35.77	31.38	34.00
摊薄净资产收益率(%)	22.42	28.69	34.15	28.63	26.37	32.06	31.43	27.59	29.74

利润表	2020-09-30		2020-06-30		2020-03-31		2019-12-31		2019-09-30		2019-06-30	
指标	数值	占比	数值	占比	数值	占比	数值	占比	数值	占比	数值	占比
营业收入(元)	275亿	100%	159亿	100%	67.6亿	100%	341亿	100%	236亿	100%	151亿	100%
营业成本(元)	229亿	-83.44%	131亿	-82.45%	56.9亿	-84.14%	280亿	-82.04%	197亿	-83.21%	127亿	-84.23%
营业税金及附加(元)	1.01亿	-0.37%	6 245万	-0.39%	2 924万	-0.43%	2.10亿	-0.61%	1.47亿	-0.62%	9 859万	-0.65%
期间费用(元)	27.5亿	-9.99%	16.3亿	-10.27%	6.24亿	-9.24%	42.0亿	-12.32%	28.2亿	-11.93%	17.2亿	-11.39%
销售费用(元)	23.0亿	-8.35%	13.8亿	-8.69%	5.29亿	-7.82%	36.1亿	-10.57%	23.6亿	-9.97%	14.4亿	-9.51%
管理费用(元)	4.16亿	-1.51%	2.65亿	-1.67%	1.11亿	-1.65%	5.78亿	-1.70%	3.97亿	-1.68%	2.52亿	-1.67%
财务费用(元)	3 615万	-0.13%	-1 411万	0.09%	-1 587万	0.23%	1 554万	-0.05%	6 704万	-0.28%	3 200万	-0.21%
资产减值损失(元)	--	--	--	--	--	--	--	--	--	--	--	--
其他经营收益(元)	--	--	--	--	--	--	--	--	--	--	--	--
公允价值变动损益(元)	2 946万	0.11%	805万	0.05%	2 877万	0.43%	956万	0.03%	767万	0.03%	-348万	-0.02%
投资收益(元)	2.35亿	0.86%	1.24亿	0.78%	1 370万	0.20%	2.69亿	0.79%	2.05亿	0.87%	1.01亿	0.67%
营业利润(元)	9.01亿	3.28%	5.70亿	3.58%	1.44亿	2.13%	7.37亿	2.16%	3.19亿	1.35%	9 184万	0.61%
加:营业外收入(元)	3 423万	0.12%	1 612万	0.10%	293万	0.04%	8 431万	0.25%	6 548万	0.28%	5 215万	0.35%
补贴收入(元)	--	--	--	--	--	--	--	--	--	--	--	--
减:营业外支出(元)	2 956万	-0.11%	2 247万	-0.14%	1 675万	-0.25%	5 815万	-0.17%	2 820万	-0.12%	1 374万	-0.09%
利润总额(元)	9.06亿	3.30%	5.63亿	3.54%	1.30亿	1.92%	7.63亿	2.24%	3.56亿	1.51%	1.30亿	0.86%
减:所得税(元)	1.21亿	-0.44%	8 932万	-0.56%	2 891万	-0.43%	-4 343万	0.13%	1 604万	-0.07%	1 826万	-0.12%
净利润(元)	7.85亿	2.86%	4.74亿	2.98%	1.01亿	1.50%	8.07亿	2.37%	3.40亿	1.44%	1.12亿	0.74%

图 8-14　海信视像利润表分析

图 8-15　海信视像成长能力分析

老板电器:从历年的营收和效益情况来看,老板电器自 2011 年—2017 年的营业收入增长率也是呈现了教科书式的增长,2018 年和 2019 年增长速度有所下降。但是可以看出,由于企业管控成本以及运营效率高,其净资产收益率还是保持着行业领先的发展态势,如图 8-16 和图 8-17 所示。

利润表	2020-09-30		2020-06-30		2020-03-31		2019-12-31		2019-09-30		2019-06-30	
指标	数值	占比	数值	占比	数值	占比	数值	占比	数值	占比	数值	占比
营业收入(元)	56.3亿	100%	32.1亿	100%	12.7亿	100%	77.6亿	100%	56.3亿	100%	35.3亿	100%
营业成本(元)	24.2亿	-42.95%	14.5亿	-45.18%	5.50亿	-43.48%	35.5亿	-45.73%	25.3亿	-44.96%	16.0亿	-45.34%
营业税金及附加(元)	4 256万	-0.76%	2 519万	-0.78%	860万	-0.68%	6 662万	-0.86%	4 636万	-0.82%	2 946万	-0.84%
期间费用(元)	17.2亿	-30.52%	9.61亿	-29.93%	4.38亿	-34.63%	21.3亿	-27.44%	16.8亿	-29.88%	10.8亿	-30.52%
销售费用(元)	16.3亿	-29.00%	8.93亿	-27.80%	4.12亿	-32.55%	19.3亿	-24.85%	15.6亿	-27.68%	9.90亿	-28.07%
管理费用(元)	1.93亿	-3.43%	1.16亿	-3.62%	5 046万	-3.99%	2.84亿	-3.66%	1.83亿	-3.26%	1.16亿	-3.29%
财务费用(元)	-1.08亿	1.91%	-4 778万	1.49%	-2 413万	1.91%	-8 341万	1.07%	-5 957万	1.06%	-2 960万	0.84%
资产减值损失(元)	--	--	--	--	--	--	--	--	--	--	--	--
其他经营损益(元)	--	--	--	--	--	--	--	--	--	--	--	--
公允价值变动损益(元)	--	--	--	--	--	--	--	--	--	--	--	--
投资收益(元)	3 891万	0.69%	2 410万	0.75%	750万	0.59%	1.27亿	1.64%	6 547万	1.16%	3 986万	1.13%
营业利润(元)	13.5亿	23.96%	7.36亿	22.91%	2.91亿	23.00%	18.7亿	24.12%	13.0亿	23.15%	8.02亿	22.73%
加:营业外收入(元)	72.2万	0.01%	58.6万	0.02%	13.6万	0.01%	410万	0.05%	313万	0.06%	161万	0.05%
补贴收入(元)	--	--	--	--	--	--	--	--	--	--	--	--
减:营业外支出(元)	179万	-0.03%	170万	-0.05%	111万	-0.09%	432万	-0.06%	388万	-0.07%	288万	-0.08%
利润总额(元)	13.5亿	23.94%	7.35亿	22.88%	2.90亿	22.92%	18.7亿	24.12%	13.0亿	23.13%	8.00亿	22.69%
减:所得税(元)	2.03亿	-3.61%	1.11亿	-3.47%	4 335万	-3.43%	2.57亿	-3.32%	2.01亿	-3.58%	1.23亿	-3.49%
净利润(元)	11.4亿	20.33%	6.23亿	19.41%	2.47亿	19.50%	16.1亿	20.80%	11.0亿	19.56%	6.77亿	19.20%

图 8-16　老板电器利润表分析

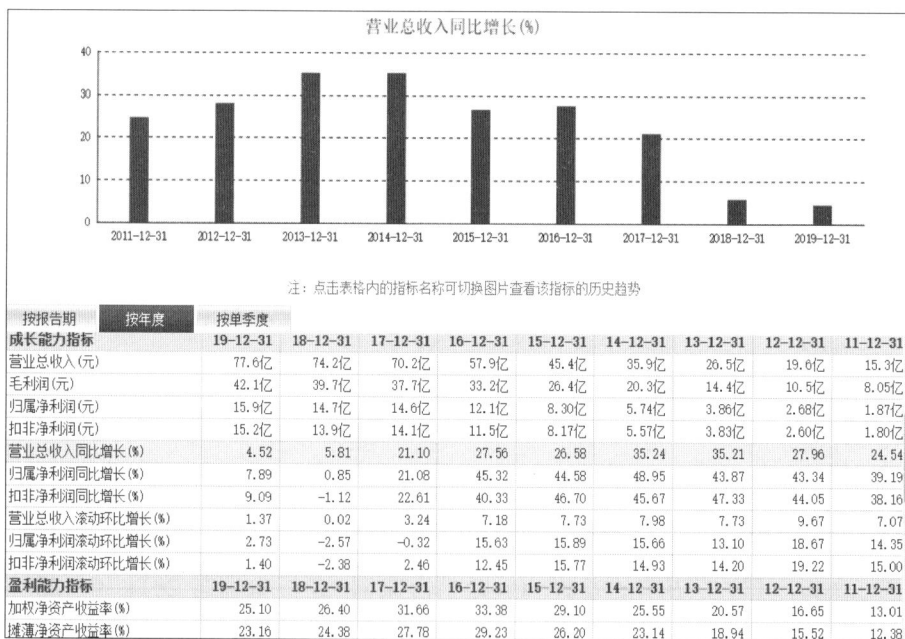

营业总收入同比增长(%)

注:点击表格内的指标名称可切换图片查看该指标的历史趋势

按报告期	**按年度**	按单季度						
成长能力指标	19-12-31	18-12-31	17-12-31	16-12-31	15-12-31	14-12-31	13-12-31	12-12-31	11-12-31
营业总收入(元)	77.6亿	74.2亿	70.2亿	57.9亿	45.4亿	35.9亿	26.5亿	19.6亿	15.3亿
毛利润(元)	42.1亿	39.7亿	37.7亿	33.2亿	26.4亿	20.3亿	14.4亿	10.5亿	8.05亿
归属净利润(元)	15.9亿	14.7亿	14.6亿	12.1亿	8.30亿	5.74亿	3.86亿	2.68亿	1.87亿
扣非净利润(元)	15.2亿	13.9亿	14.1亿	11.5亿	8.17亿	5.57亿	3.83亿	2.60亿	1.80亿
营业总收入同比增长(%)	4.52	5.81	21.10	27.56	26.58	35.24	35.21	27.96	24.54
归属净利润同比增长(%)	7.89	0.85	21.08	45.32	44.58	48.95	43.87	43.34	39.19
扣非净利润同比增长(%)	9.09	-1.12	22.61	40.33	46.70	45.67	47.33	44.05	38.16
营业总收入滚动环比增长(%)	1.37	0.02	3.24	7.18	7.73	7.98	7.73	9.67	7.07
归属净利润滚动环比增长(%)	2.73	-2.57	-0.32	15.63	15.63	15.66	13.10	18.67	14.35
扣非净利润滚动环比增长(%)	1.40	-2.38	2.46	12.45	15.77	14.93	14.20	19.22	15.00
盈利能力指标	19-12-31	18-12-31	17-12-31	16-12-31	15-12-31	14-12-31	13-12-31	12-12-31	11-12-31
加权净资产收益率(%)	25.10	26.40	31.66	33.38	29.10	25.55	20.57	16.65	13.01
摊薄净资产收益率(%)	23.16	24.38	27.78	29.23	26.20	23.14	18.94	15.52	12.38

图 8-17　老板电器成长能力分析

为什么同属家电制造业,三家企业的财务表现有如此明显的反差呢?主要原因是细分行业的竞争格局导致的。

白色家电行业,产业在线联合华泰证券研究所公开了 2020 年空调内销销量数据,格力、美的、海尔三大品牌占比高达 78.8%,品牌集中化趋势明显。其中,格力电器以 36.9% 的市场份额位居第一,实现了连续 26 年的行业领跑。白色家电行业的品牌集中化现象非常强,导致三大品牌在定价方面有绝对的话语权,产品定价高,成本控制好,自然盈利能力就强。

而反观黑色家电行业,2005 年至今,海外品牌市占率逐渐下降,海信、创维、TCL、康佳、长虹市场占有率只有 10%~15%,相比白电、厨电和小家电龙头企业的集中水平仍有较大提升空间,市场竞争相对激烈,单一品牌难以建立长期稳固的产品及品牌优势,部分厂商会通过价格战的形式来尽可能瓜分较有限的市场。另外,前期互联网公司的介入使得行业竞争更加混乱,"价格战""广告战"频发对行业利润产生很大负面影响。还有电视机正在由传统的耐用消费品转变为具有附属于传媒和互联网消费电子终端属性的"快速消费品",清晰度、内置播放平台等附加价值更受关注,技术更迭、产品更新换代较快对市场产生较大波动。这也是为什么海信视像的收益率较低和总资产周转率较高的主要原因。

厨电行业方面,厨电业每年存在的品牌数量要远远超出其他家电品牌,却并没有引发价格战,这主要是由于厨电企业坚持高端发展战略,抢占高端消费人群。目前行业龙头例如老板电器的市场占有率在 20% 左右,随着高端化趋势持续,龙头企业市场份额将进一步提升,中低端品牌生存空间继续被挤压,下一步市场集中度将向白电龙头企业 30% 左右的占有率看齐。老板电器在 2017 年烟、灶、消市场份额均位居行业第一,其中吸油烟机销量已连续 3 年位居全球第一。且在高端品牌上有 39 年的沉淀,其品牌认知深植消费者心中。价格高,毛利高,消费者认可品牌,产品销量有保障,这些都是老板电器之所以能够拥有如此优秀财务表现的主要原因。

本章小结

一个行业市场集中度越高，越是定位高端品牌，其财务表现就越有优势。反之，像黑色家电之所以市值比较低，投资者不看好，就是因为市场集中度不高，行业竞争激烈，新竞争者不断打响价格战和技术战，导致企业盈利能力低，只能通过低价，走量的方式，维持企业生存发展。

第9章

互联网平台型公司财务分析实战

互联网平台定义有很多,通俗地说,就是为商家或普通用户提供一个用于交易的系统或者平台。互联网平台的类型也有很多,比如产品互联网平台、服务互联网平台、信息互联网平台,对应的典型企业有淘宝、猪八戒、知乎等。本章,我们将主要介绍在线旅游平台。

9.1 在线旅游平台(OTA)行业概况

9.1.1 市场规模

我国旅游行业市场空间广阔。2019年,旅游直接相关产业规模3.38万亿元。其中,近1.21万亿元通过在线旅游平台(OTA)进行交易,占行业规模的36%(即OTA渗透率为36%,见表9-1)。剩下的64%大多为线下交易,小部分为供应商线上直营。据艾瑞咨询数据,随着互联网和线上交易在各线城市的普及,OTA渗透率由2013年的14%逐年上升到2019年的36%,OTA行业交易额也享受增长红利,在过去6年间年化增长率达34%。

表9-1 2019年旅游直接相关产业规模及构成 单位:人民币亿元

旅游直接相关产业	行业规模	OTA交易额	OTA渗透率	在OTA总交易额中占比
住宿预订	6 801	2 234	33%	18%

续表

旅游直接相关产业	行业规模	OTA 交易额	OTA 渗透率 *	在 OTA 总交易额中占比
交通票务	12 093	7 607	63%	63%
旅游度假(含景区门票)	14 925	2 253	15%	19%
合计	33 819	12 094	36%	100%

资料来源:艾瑞咨询,国盛证券研究所; * OTA 渗透率 = OTA 交易额 ÷ 行业规模。

旅游市场可以细分为三块,旅游度假、交通票务和住宿预订。其中,旅游度假主要包括跟团游、景区门票等,产品繁多,OTA 渗透率较低,仅为15%。交通票务主要包括飞机票、火车票等,在线交易市场规模最大,OTA渗透率高达 63%。

住宿预订的 OTA 渗透率为 33%,上升空间广阔。根据行业特性,越是标准化的产品,在线交易率越高。住宿和票务类似,都是属于标准化产品,对比交通票务 63% 的 OTA 渗透率,在线预订住宿行业空间依然广阔。

9.1.2 竞争格局

在线旅游公司按照股权关系,分为三大阵营。一是携程阵营。携程在2015 年年底合并了去哪儿,同时也是同程艺龙的第二大股东,持股约 22%。因此携程、去哪儿、同程艺龙三家公司是携程阵营。二是美团。美团专注于提供一站式的本地生活平台,于 2013 年和 2014 年分别进入在线住宿预订和旅游度假市场。2021 年年初美团市值已近 2 万亿元人民币,成为继腾讯和阿里之后的互联网巨头。三是阿里系的飞猪。飞猪是阿里巴巴的自营品牌,背靠阿里生态的流量和技术支持。

从市场份额看,在线旅游市场高度集中,携程是行业第一,但近年来受到竞争冲击,市场份额略有下跌(见表 9-2)。携程创建于互联网兴起之初的 1999 年,多年来深耕旅游行业,通过频繁的投资及战略合作等广泛布局了住宿、机票、度假等产业链相关方,产品种类全且覆盖境内外。尤其在国内一、二线城市和高星酒店有压倒性优势。但在最近几年,同程艺龙奋起直追,美团异军突起,携程的市场份额在逐渐下滑。

表 9-2　在线旅游公司市场份额

市场份额	2015	2017	2019
携程	36.1%	35.9%	35.3%
去哪儿	27.8%	17.0%	15.9%
飞猪	15.1%	14.3%	15.9%
同程艺龙	5.8%	4.5%	7.1%
美团旅行	—	2.7%	5.0%
途牛	2.9%	3.2%	3.2%
驴妈妈	1.0%	1.7%	1.5%
其他	11.3%	20.7%	16.0%
总计	100.0%	100.0%	100.0%

资料来源：易观，国盛证券研究所。

同程艺龙竞争优势来自微信的流量红利。同程艺龙和腾讯有流量合作协议，享有微信钱包和其他腾讯生态的巨大流量入口。因此，同程艺龙月活跃用户数由 2017 年的 1.2 亿涨到 2019 年的 2.1 亿（见表 9-3），年化增长率 30%，市场份额也随之上升。

表 9-3　同程艺龙用户数据

同程艺龙	2017	2018	2019
平均月活跃用户数（百万）	121.2	175.2	205.2
非一线城市注册用户数占比	—	85.4%	85.6%
从微信新获得的付费用户中来自三线及以下城市占比	—	61.1%	62.4%

资料来源：公司财报。

携程和同一阵营的同程艺龙，合作大于竞争。同程艺龙主攻非一线城市市场，在 2019 年有 85.6% 的注册用户都在非一线城市，并有 62.4% 的微信新增付费用户来自三线及以下城市（见表 9-3）。这和携程在价值更高的一、二线市场的竞争优势正好互补。携程在 2018 年进一步和同程艺龙签署资源供应协议，将自身强大的住宿等供应端资源开放给同程艺龙使用，借此切入低线市场，双方互利互惠。

携程真正的威胁来自美团，尤其是在线住宿市场。据 Trustdata 等数据显示，按交易额统计，2019 年"携程＋去哪儿"（两家公司在 2015 年年底合并，简称携程系)的市场份额为 51%。但是按间夜量口径统计,即去除客单价因素影响,2019 年美团的市场份额已经达到了 49%,反超携程系,见表 9-4。

表 9-4　2019 年 OTA 住宿预订市场份额

OTA 住宿预订市场份额	按交易额(GMV)	按间夜量
携程 + 去哪儿	51%	36%
美团	32%	49%
同程艺龙	9%	7%
飞猪	5%	5%
其他	3%	3%
合计	100%	100%

资料来源:Trustdata,艾瑞咨询,国盛证券研究所。

　　美团为何能够在线上住宿预订市场异军突起,后来居上呢? 美团高频业务带来的平台流量优势和差异化的竞争策略是关键。与携程专注于在线旅游行业不同,美团业务重心是大众、刚需、高频的本地生活服务。外卖、到店餐饮、单车等高频服务给美团带来了巨大的流量入口,再通过交叉销售,导流到低频但高利润率的住宿预订业务。据美团招股书披露,在 2017 年,超过 80% 的新增住宿预订用户都是从外卖和到店餐饮的用户中转化来的。这种"高频带低频"的持续性流量优势,对携程造成了不小的威胁。

　　同时,美团的一站式本地生活服务的业务规模也带来更强的协同效应和运营效率。据旅界报道,早年间一位 OTA 平台的高管就感慨于美团对线下商家的挖掘能力,"他们在做(餐饮)团购的时候就能顺便把当地的住宿都扫一遍"。

　　美团的差异化竞争策略在于侧重低线市场,即低端住宿和年轻休闲旅客,这正好与携程的竞争优势错开。携程在一、二线城市,高星住宿和商旅人群中优势显著。差异化的竞争策略也导致了美团住宿的客单价较低。虽然美团住宿间夜量高于携程系,但交易额还是远在携程系之后。

　　由于高星住宿的利润率更为丰厚,美团对其也开始发起了进攻。据 2020 年第 3 季度财报,与美团合作的高星住宿酒店数量环比大幅提升,美团也建立了高端住宿服务专组。从发展趋势来看,携程和美团难免正面交锋,竞争将更加激烈。

总结一下,携程、同程艺龙和美团酒店及旅游业务(简称美团酒旅)的战略重点、业务侧重、主要目的地、主要客群和竞争优势等见表9-5。

表9-5 携程、同程艺龙和美团酒旅的总结对比

项目	携 程	同程艺龙	美团酒旅
战略重点	2019 年为"聚焦高品质和全球化" 2020 年为"深耕国内,心怀全球"	进一步渗透低线城市,持续提升产品和服务,演进为智能出行管家	作为美团的核心利润支柱,优化向商家提供的服务和变现率
业务侧重	旅游全品类	交通票务和住宿预订	住宿预订
主要目的地	境内 + 境外	境内	境内
主要客群	主攻一、二线及头部三线城市用户、商旅市场和中高端酒店用户	三线及以下城市用户	三线及以下城市用户,年轻休闲旅客、中低端酒店用户
竞争优势	①行业龙头,议价能力强 ②供应链资源丰富 ③商旅和高星酒店绝对优势 ④布局境外旅游市场	①和大股东腾讯有流量协议,有微信支付等巨大的流量入口 ②在三线以下城市增长迅速	①通过美团平台"高频带低频"的策略,持续高效获客 ②在三线以下城市占有率高 ③与美团业务协同,地推运营效率高

资料来源:各公司财报及招股书,招商证券,国盛证券研究所,国泰君安证券。

9.1.3 市场展望

展望未来,旅游市场呈现出以下发展趋势。

第一,国内市场继续下沉,低线城市的市场规模增长空间大。我国三线以下城市人口规模大,旅游产业线上化率也在不断提升。据 Trustdata 数据,2019 年在线住宿预订市场三线及以下城市用户占比已高达 60% ,同比增长 54.7%。此趋势对美团和同程艺龙均非常有利。

第二,受一些不可控因素影响,出境游预计会在一段时间内受到抑制,复苏较为缓慢。国内短途游、周边游和自助游兴起。依托本地生活场景的住宿和旅游预订对美团更加有利,对携程的竞争压力进一步增加。

第三,国内旅游目的地服务市场进一步整合。2020 年后,旅游直播成

为新潮流,商家可通过直播对用户展示旅游目的地和相关产品。集住宿、餐饮、服务、门票等的一体化产品也深受自由行用户喜爱。此趋势对携程非常有利。携程多年来深耕旅游市场,产品品类全且整合能力强,已经成功地成为旅游直播带货的领导者。

9.2　携程、美团酒旅、同程艺龙商业模式解析

在线旅游平台主要有以下三种商业模式,见表9-6。其中以"代理 + 广告"模式较为普遍,携程、美团酒旅、同程艺龙都采用此种模式。其收入主要来源于交易佣金和广告营销收入。成本主要来源于客户服务及相关人工支出,支付成本和服务器等系统维护开发成本等。在代理和广告模式下公司毛利率都很高。

表 9-6　在线旅游公司的主要商业模式

商业模式	含　义	盈利能力	代表企业
代理模式	按交易额的一定比例收取佣金	单笔收入低(按佣金确认收入),毛利率高,无存货风险	携程、美团酒旅、同程艺龙
批发模式	先以批发价格采购,再加价卖出,赚取差价	单笔收入高(按交易总额确认收入),毛利率低,承担存货风险	Expedia
广告模式	提供给商家基于效果或展示的广告营销服务。按照展示、点击、销售额等收取广告费	毛利润高,依赖于公司流量	Tripadvisor、马蜂窝

资料来源:公司财报,国泰君安证券。

值得一提的是,在代理模式下,不同产品佣金和变现率(收入 ÷ 交易额)不同,其盈利能力和在公司中的战略定位也不同。

在线交通票务预订的市场规模虽然最大,但是其变现率也低,一般用于引流。机票的变现率 2% ~ 4%,国际机票高于国内机票。火车票佣金为 0,OTA 公司靠售卖保险等附加增值服务获得额外收入。同程在 2017 年的交通票务变现率只有 3.2%(见表9-7)。由于机票、火车票在旅游行业中属于相对高频产品,OTA 公司一般利用其来为利润更高的住宿预订服务引流。

表 9-7 票务预订和住宿预订及不同公司的变现率对比

变现率	2015 年	2016 年	2017 年	2018 年	2019 年
交通票务—同程	2.7%	2.8%	3.2%	—	—
住宿预订—携程	12.6%	10.6%	10.5%	10.5%	10.7%
住宿预订—美团	5.7%	6.5%	7.4%	9%	9%
住宿预订—艺龙	5.0%	8.9%	8.9%	—	—

资料来源:招股书,国泰君安证券,招商证券。携程变现率来自国泰君安证券测算。同程,艺龙和美团 2015—2017 年的变现率来自招股书。美团 2018 及 2019 变现率来自招商证券测算。同程、艺龙于 2018 年 3 月合并后称为同程艺龙。

在线住宿预订的变现率远高于票务预订,是在线旅游公司的核心利润支柱。从表 9-7 中可以看出,住宿预订的变现率稳定后在 9% 左右。其中高星酒店的变现率高于低星酒店,境外酒店高于国内酒店。携程凭借其在高星酒店的显著优势和境外业务的布局,变现率也高于美团和艺龙。而美团随着住宿业务规模的扩大,变现率也在不断提升。鉴于美团在高星酒店的不断突破,其变现率和盈利能力有望进一步提升。

9.3 携程、美团酒旅、同程艺龙上市公司财务报表分析

9.3.1 利润表分析

首先,看收入。收入的结构和增长趋势是业内关注重点之一。

(1)携程的收入主要来源于交通票务和住宿预订,在 2019 年分别占总收入的 39.1% 和 37.8%,见表 9-8。但这两大核心业务增速一直放缓,2020 年后更是下跌严重。这也和上文分析的携程受到美团、同程艺龙和飞猪的竞争冲击后市场份额逐渐下跌所吻合。

(2)携程的旅游度假业务主要分为境内游和境外游。携程在 2020 年前大力发展旅游度假,收入占比逐年上升到 2019 年的 12.7%,同比增长 20.2%。但 2020 年后境外游几乎归零,携程的旅游度假收入也受到重创,在 2020 年第 3 季度同比下跌 80.1%,收入占比跌至 6.0%。

（3）携程的商旅业务主要是向企业提供商旅服务。2019年，商旅收入虽然只占总收入的3.5%，但增速高达27.9%。商旅业务在不可控因素中表现坚挺，2020年第3季度同比跌幅最小。

但长期看来，受不可控因素影响，远程办公开始在全球流行。硅谷互联网公司甚至允许部分员工永久在家办公。远程办公虽然不会完全取代商旅，但也给未来商旅市场的增长空间带来了不确定性。

（4）携程的其他业务包括线上广告和金融服务，收入占比逐年上升到2019年的6.9%，并在2020年第3季度进一步上升到8.7%。广告收入的增长空间主要取决于公司流量和商家的数量及性质。对标其他OTA公司，2019年，同程艺龙的广告收入占其总收入约7.0%，国际OTA巨头Booking.com广告收入占其总收入约7.4%。因此，预计携程的广告收入增长空间不会太大，尤其是在其核心业务增长疲软。

表9-8　携程收入占比及同比增长率

携程收入占比	2017年	2018年	2019年	Q3'20
住宿预订	35.3%	37.2%	37.8%	45.4%
交通票务	45.3%	41.6%	39.1%	34.8%
旅游度假	11.0%	12.1%	12.7%	6.0%
商旅服务	2.8%	3.2%	3.5%	5.2%
其他（含广告收入）	5.6%	5.9%	6.9%	8.7%
总收入	100.0%	100.0%	100.0%	100.0%
携程收入同比增长率	2017年	2018年	2019年	Q3'20
住宿预订	30.2%	21.7%	16.7%	(39.8%)
交通票务	38.5%	5.9%	7.8%	(48.8%)
旅游度假	28.6%	27.0%	20.2%	(80.1%)
商旅服务	23.9%	30.2%	27.9%	(15.8%)
其他（含广告收入）	106.3%	20.4%	34.9%	(31.3%)
总收入	36.3%	15.3%	14.8%	(48.0%)

资料来源：公司财报。2020年全年财报尚未披露，因此以第3季度为例。

携程的收入体现了其代理+广告的商业模式。携程专注于旅游产品。核心收入结构也反映了其利用相对高频交通票务预订引流给住宿预订业务。携程这两大核心业务近两年增长疲软，并在 2020 年后下跌严重。这也和其在激烈的市场竞争中份额下滑吻合。

其次，看毛利。毛利的规模和毛利率是一家公司盈利能力和竞争能力的重要指标之一。

第一，携程自身毛利率的变化情况。携程的毛利润由 2015 年的 72.1% 上涨到 2019 年的 79.3%。即使受到不可控因素影响，在 2020 年第 3 季度也增长到了 81.2%，见表 9-9。

表 9-9 携程毛利率和销售成本率

项目	2015 年	2016 年	2017 年	2018 年	2019 年	Q3′20
营业收入	100%	100%	100%	100%	100%	100%
客服人工成本率	14.2%	9.6%	7.2%	—	—	—
支付成本率	5.3%	4.4%	4.5%	—	—	—
其他平台成本率	8.4%	10.6%	5.8%	—	—	—
销售成本率合计	27.9%	24.6%	17.5%	20.4%	20.7%	18.8%
毛利率	72.1%	75.4%	82.5%	79.6%	79.3%	81.2%

资料来源：公司财报。销售成本构成在 2017 年之后不再披露。2020 年全年财报尚未披露，因此以第 3 季度为例。

携程毛利率的增长主要受益于规模效应和技术升级。携程销售成本的主要部分是自建客服团队的人工支出。自建客服团队先期投入大，人工支出有刚性，但这符合携程的"高品质"战略，能更好地服务用户。随着收入规模的扩张和人工智能技术的应用，携程的客服成本率也由 2015 年的 14.2% 下降到 2017 年的 7.2%。据新浪财经报道，携程集团副总裁在 2019 年博鳌亚洲论坛年会上表示"过去携程最多有 1.5 万名客服，每天要接 100 多万个电话。携程引入 AI（人工智能）工具后，每天有 70%～80% 的电话可通过 AI 解决"。由此可见，随着规模的增长和在技术上的投入，携程的毛利率和盈利能力也随之增加。

第二，携程的毛利率和同行业公司的对比。在代理模式下，在线旅游平台的毛利率都很高。其中,携程的毛利率显著高于同程艺龙,但和美团到店及酒旅业务相比还有一定空间,见表9-10。

表9-10 各公司毛利率对比

2019 年度	携程	同程艺龙	美团到店及酒旅
营业收入	100%	100%	100%
销售成本率	21%	31%	11%
毛利率	79%	69%	89%

资料来源:公司财报。

毛利率的重要影响因素之一是企业的收入结构。在 2019 年,同程艺龙有 61% 的收入来自变现率低的交通票务,远高于携程的 39%。在变现率高的住宿预订服务,同程艺龙的收入占比也低于携程,因此毛利率也低于携程,见表9-11。

表9-11 携程、同程艺龙、美团到店及酒旅业务的收入结构对比

2019 年度	携程	同程艺龙	美团到店及酒旅 *
住宿预订	38%	32%	52%
交通票务	39%	61%	
度假旅游	13%		
商旅服务	4%	7%	
广告收入及其他	7%		48%
营业收入合计	100%	100%	100%

资料来源:公司财报。*2019 年美团到店及酒旅佣金收入占总收入 52%,其中包括到店餐饮,酒店及旅游预订等,但按产品线的具体数据并未披露。

美团到店及酒旅业务在 2019 年毛利率高达 89%,主要由于其广告营销服务收入占比近 48%,远高于携程的 7%。这更多是由业务性质差异导致的。美团并未单独披露酒店和旅游业务的数据,其到店及酒旅业务也包括了到店餐饮、丽人亲子等服务。这些商家较为充足的营销预算、商家数量的增加及对流量的争夺导致了美团到店及酒旅业务的广告收入占比远高于只在旅游业布局的携程,因此毛利率也高于携程。

第三,再来对比携程的营业利润规模和利润率。营业利润率是公司财

报上直接披露的最能反映公司经营能力和盈利能力的指标之一,其排除了
非经营因素的营业外收入和支出。

从表 9-12 看出,2019 年,携程的营业利润规模和利润率都优于同程艺
龙,但是逊于美团到店及酒旅业务。虽然美团到店及酒旅是美团的核心利
润支柱,但是美团绝大多数的收入来自利润率较低甚至亏损的餐饮外卖和
新业务,所以其整体的利润规模和利润率都是低于携程。

表 9-12　2019 年度各公司财务数据对比

单位:人民币(亿元)

2019 年度	携程	同程艺龙	美团到店及酒旅	美团	途牛
营业收入	357	74	223	975	23
营业收入	100%	100%	100%	100%	100%
毛利率	79%	69%	89%	33%	47%
毛利	283	51	197	323	11
营销费用率	26%	30%	—	19%	40%
研发费用率	30%	21%	—	9%	13%
管理费用率	9%	8%	—	4%	33%
营业利润率	14%	12%	38%﹡	3%	(38%)
营业利润/(亏损)	50.4	8.6	84.9	26.8	(8.7)

资料来源:公司财报,东方财富网 ﹡美团到店及酒旅的营业利润率是 2019 年前 3 季度的平均值。

在线旅游平台是高毛利业务,费用率(即费用占收入比例)尤其是营销
费用率和企业获取流量及用户的效率决定了企业的核心盈利能力。

研发费用和管理费用有刚性,费用率也会随着规模效应而降低。其中
研发费用和企业研发投入的人力和资源相关,能够为企业建立长期的竞争
优势。比如上文提到了携程大力投入研发,成功利用人工智能等技术,优化
了客服效率,提高了毛利率。

对于互联网公司,流量和用户是核心。营销费用率能反映企业获取流
量和用户的效率,受到行业竞争环境,企业竞争优势等影响。从表 9-13 中
可以看出,携程的营销费用率在旅游平台中偏低,并从 2019 年起逐渐优化。
这也是携程在行业中占据龙头优势的体现。

表 9-13   各公司营销费用占收入比率的对比

营销费用率	2017	2018	2019	Q3′20
携程	31%	31%	26%	21%
同程艺龙	43%	35%	30%	—
途牛	41%	35%	40%	40%
美团	32%	24%	19%	16%

资料来源:公司财报,东方财富网。2020 年全年财报尚未披露,因此以第 3 季度为例。

除了规模效应和网络效应带来的获客优势,携程也成功地打造了会员体系,增加了用户黏性。携程的会员体系分为付费的超级会员和消费积分会员两类,覆盖面广,会员权益也较同程艺龙和美团酒旅更有吸引力。并且,在 2020 年初,携程成功地利用"内容生态"引流,从传统昂贵的广告媒介投放,转型到旅游直播;并利用其在供应链的优势,拿到特价房源,打包"餐饮服务 + 门票"等旅行套餐吸引用户,直接利用直播带货。这也使得其在 2020 年第 3 季度的营销费用率进一步降低,营业利润率也由 2019 年的 14.1% 增长到 2020 年第 3 季度的 14.5%,展现出强而可持续的盈利能力。

对比看来,美团整体的营销费用率也在逐渐下降,并于 2018 年起优于携程(见表 9-13)。美团和携程在旅游行业的竞争对手不同,美团的业务范围更广,大部分收入来自餐饮外卖服务,还在不断拓展共享单车、社区团购等新业务(见表 9-14)。因此,随着规模的增长和不断为用户提供高频刚需的生活服务,美团获客能力强,用户黏性高,再通过交叉销售,营销效率得到进一步提升。这也是美团到店及酒旅业务营业利润率高于携程的原因之一。不过,美团餐饮外卖利润率低,新业务尚在亏损阶段,因此整体看来,携程的盈利能力高于美团。

最后,值得说明的是,虽然营业利润是企业财报中直接披露的最能反映企业主营业务经营情况的盈利指标之一,但其也包括投资收益和其他收益,如政府补贴等。我们在分析企业可持续盈利能力的时候,需要刨除大额的投资收益和其他收益,关注企业主营业务的真实盈利能力。

比如,在 2020 年第 3 季度,美团的营业利润率同比从 2019 年第 3 季度的 5.3% 增长到 19.0%。如果仅从这个数据就判断美团未来的盈利能力也会大幅提升高于携程,那就被误导了。2020 年第 3 季度美团的营业利润大幅增长主要是由于 58 亿元的巨额投资收益造成的。据新浪财经报道,该收益主要和美团旗下公司投资的理想汽车股价上涨相关,并非美团的主营业务盈利能力增强。如果只看餐饮外卖,到店及酒旅和新业务三块主营业务,美团在 2020 年第 3 季度的营业利润率仅为 4.3%,同比 2019 年第 3 季度的 5.3% 反而是下降的(见表 9-14)。所以美团到店和酒旅业务依旧是公司的核心盈利支柱,整个公司的盈利能力和携程相比还有一定差距。

表 9-14　美团的收入结构和营业利润率

单位人民币:百万元

美　　团	Q3′19			Q3′20		
	收入	营业利润	营业利润率	收入	营业利润	营业利润率
餐饮外卖	15 577	331	2.1%	20 693	768	3.7%
到店、酒店及旅游	6 181	2 332	37.7%	6 478	2 787	43.0%
新业务及其他	5 736	(1 202)	(21.0%)	8 230	(2 029)	(24.7%)
未分配项目 *		(14)			5 197	
合计	27 494	1 447	5.3%	35 401	6 724	19.0%
刨除未分配项目	27 494	1 461	5.3%	35 401	1 527	4.3%

资料来源:公司财报；* 未分配项目含投资收益,收购产生的无形资产摊销等。

9.3.2　现金流量表

分析完利润表之后,我们再来看现金流量表。首先,值得关注的是企业经营活动带来现金流的能力,也就是企业的"造血"能力。

从表 9-15 可以看出,携程的经营活动产出的现金流净额是营业利润的 1.5 倍到 2.7 倍,"造血"能力强,这也显示出携程的利润非常健康。虽然此比率在 2019 年有所下降,但经营活动现金流净额是营业利润 1.5 倍也在健康范围。携程"造血"能力强也受益于其一直发力"预付"产品,即用户在预订时就线上付全款的模式。2020 年开始,携程也及时发起直播带货,通过预售的形式补充了公司的现金流,维持了自身的"造血"能力。

表9-15　携程经营活动产生的现金流净额和营业利润

单位:人民币百万元(倍数除外)

携　　　程	2017 年	2018 年	2019 年
经营活动产生的现金流量净额(A)	7 069	7 115	7 333
营业利润(B)	2 926	2 605	5 040
倍数($A \div B$)	2.4	2.7	1.5

资料来源:公司财报。

其次,从携程历年来投资和筹资的现金流向(见表9-16),可以看出携程融资能力强。再结合资产负债表等披露信息,尤其在 2019 年之前,携程依靠债权和股权融资加上丰富的现金储备,不断在产业链上下游和海外市场进行投资,构建自己的竞争壁垒(见表9-17)。另外,表9-16 显示,在 2019 年,携程偿还借款,减少债务,也缩减了投资力度,维持了丰厚的现金储备。这也正好使得其抗风险能力加强,平稳度过了 2020 年。

表9-16　携程经营、投资和筹资的现金流向和现金储备

单位:人民币百万元

携　　　程	2015 年	2016 年	2017 年	2018 年	2019 年
经营活动产生的现金流量净额	3 049	5 270	7 069	7 115	7 333
投资活动产生的现金流量净额	(4 427)	(20 350)	(15 229)	(14 078)	(2 413)
筹资活动产生的现金流量净额	15 234	12 291	8 020	11 926	(9 256)
现金及现金等价物增加(减少)额	13 915	(1 324)	(187)	5 782	(4 027)
现金及现金等价物期末余额	19 216	20 179	19 992	25 774	21 747

资料来源:公司财报。

表9-17　携程近年来的部分投资事件

类　　型	投资公司	股　　权	投资时间	投资公司业务及备注
投资国内 OTA 及细分行业旅游平台	同程	16%	2014 年 4 月	国内在线旅游平台。同程和艺龙于 2018 年 3 月合并。合并后携程为其第二大股东,持股约22%
	艺龙	38%	2015 年 5 月	
	途牛	4%	2015 年 5 月	国内在线旅游平台,主营跟团游等旅游度假产品
	去哪儿	92%	2015 年 10 月	国内在线旅游平台,合并后结束价格战
	途家	约50%	2017 年 10 月	民宿预订平台。携程借助途家获取了非标准住宿的库存资源

续表

类型	投资公司	股权	投资时间	投资公司业务及备注
投资产业链上下游企业	一嗨租车	14%	2015年5月	租车服务
	东方航空	3%	2016年6月	航空公司。双方达成战略合作
	华住酒店	8%	2013年5月	连锁酒店。中国三大酒店集团之一（锦江系，华住系，首旅系）
	首旅酒店	15%	2016年12月	
	有家美宿	未披露	2018年6月	精品民宿品牌
投资布局海外旅游市场	Make MyTrip	10%	2016年1月	印度OTA，携程于2019年9月与Naspers完成换股交易，成为MakeMyTrip最大的股东
	天巡	约100%	2016年11月	收购英国机票搜索平台
	Trip.com	约100%	2017年11月	收购美国旅游搜索平台

资料来源：公开资料整理，公司财报，国泰君安证券，招商证券，Deutsche Bank。

这里值得强调的是，互联网平台与传统行业相比，边际成本低，规模效应更加显著，容易出现"赢家通吃"的马太效应。因此，对于互联网平台，拥有强融资能力，能迅速扩大规模，是至为关键的竞争优势之一。再通过投资等掌握优质的上下游供应链资源，更加能形成竞争壁垒。当然，如果只重视融资和规模扩张，而忽略自身盈利能力和"造血"能力的构建，这就成了"烧钱"型企业，难以长期可持续发展，比如当年共享单车大战中的小黄车"OFO"。通过分析，我们可以看出，携程"造血"和融资能力双强，又擅长通过投资扩大规模，布局产业上下游，因此能长期占据行业龙头地位。

9.3.3 资产负债表

上节已经提到了携程现金储备丰厚，并擅长依靠债权和股权融资，投资旅游产业链。通过资产负债表，还可以看出携程的资产负债率基本维持在50%以下（见表9-18），相对健康，长期偿债风险可控。

表9-18 携程的资产负债率　　　　单位：人民币百万元

携程	2017年	2018年	2019年	Q3'20
总负债（A）	75 575	97 097	93 324	97 918
总资产（B）	162 048	185 830	200 169	198 199
资产负债率（A÷B）	47%	52%	47%	49%

资料来源：公司财报，东方财富网。

另外,透过资产负债表,可以看到携程的股权结构和实际控制人都很稳定。这是携程战略清晰,坚持可持续发展和创造长期价值的基础,也是携程成功的基石之一。梁建章先生是携程的实际控制人,极具战略远见,带领的管理团队也有丰富的经验和执行力。早在 2003 年,梁建章先生就正确判断形势,坚持保留团队,打磨内功,顺利地迎接了之后的旅游需求复苏,并带领携程在 2003 年年底成功上市。之后的重大战略决策也巩固了携程一直以来行业龙头的地位,比如 2013 年成功转型移动端,2015 年年底合并去哪儿结束价格战,之后布局海外旅游市场,2020 年后成功开启直播带货,深耕国内业务。

9.4 典型互联网平台企业的内部经营分析

企业内部的经营分析需要服务于管理层,全面反映企业的运营情况。互联网企业业务数据丰富且有实时性,更能及时地反映经营情况,指导业务。这也要求互联网企业的内部经营分析能贯通财务数据和业务数据,深入到业务指标,挖掘绩效原因,增强时效性,服务企业目标和战略。更进一步的经营分析,还能提供解决方案,并促成行动,真正的帮助企业完成目标,落地战略。

以收入分析为例。互联网企业内部的经营分析,不仅从产品结构维度分析收入,还要进一步拆解到流量、用户和转化等各级指标。比如:收入 = 活跃用户 × 用户转换率 × 单客交易额 × 变现率。

每个指标、含义及影响因素见表 9-19,每个指标都能进一步拆解到更多维度和不同的影响因素指标。例如,月活跃用户数是影响收入的重要因素之一,也是同程艺龙的一个重要经营指标。其中的一个分析维度就是按照用户来源渠道。

表9-19 部分指标含义及影响因素

指 标	含 义	影响因素
活跃用户	访问网站、App、小程序等的独立用户数(即有多少用户来过,一般以日、周、月等时间维度计量)	新增用户数(低线城市的增长红利,获客渠道等);老用户留存(用户体验,会员体系等)
用户转化率	交易用户数÷活跃用户数(即来访问的用户里有多少人下单了)	产品使用体验如搜索体验,产品品类,价格优势等
单客交易额	交易额÷交易用户数(即平均每个下单的用户都消费了多少钱)	产品品类,交叉销售等
变现率	收入÷交易额	产品品类,产品结构等

资料来源:网络公开资料整理。

从表9-20看出,在2019年同程艺龙有84%的平均月活跃用户来自腾讯旗下渠道,尤其是微信钱包入口,占了月活跃用户的55%。可以看出,同程艺龙对腾讯高度依赖。这是同程艺龙的潜在风险之一,如果其和大股东腾讯的流量协议在到期之后有不利变化,则会对整体业务有巨大的冲击。因此,同程艺龙也加大了营销和研发的投入,发展自有应用程序,并在2019年的财报上专门披露"2019年下半年自有应用程序在平均月活跃用户增长较微信渠道迅速"。由此可见,通过经营指标的进一步拆解和分析,我们能更深入地了解收入的驱动因素、潜在风险点和机会点,并依据分析结果,提出改善建议和所需行动。

表9-20 2019年同程艺龙平均月活跃用户数量及来源渠道

单位:百万人

用户来源渠道	2019 年	占 比
微信支付(钱包)入口及小程序下拉列表	113.6	55%
腾讯旗下平台投放的互动广告	37.7	18%
微信内的分享及搜索功能	21.5	10%
腾讯渠道的平均月活跃用户数(A)	172.8	84%
自有应用程序及其他渠道(B)	32.4	16%
平均月活跃用户数合计(A + B)	205.2	100%

资料来源:公司财报。

成本和费用的分析也是同理,需要在业务指标中找到真正的驱动因素,不断地提升效率,并根据战略优化资源配置。以客服成本为例,携程的客服成本占收入比率逐年下降,受益于规模效应和人工智能技术的应用。在企业内部经营分析中,还会同时衡量客服效率和质量相关的运营指标,以确保客户体验。客服常见的效率和质量指标见表9-21。

表9-21　客服部门常见运营指标举例

指　　标	含　　义
服务水平	比如,80% 的用户来电在 60 秒以内做出应答,服务水平就是 80%。这是影响用户满意度的重要指标。指标太高,需要的客服人员和成本就会增加。但如果严控成本,该指标太低,客户等待时间长,会影响满意度
用户满意度	用户对客服部门服务的满意程度,受服务态度、解决问题能力、工作流程等影响。比如,如果给顾客赔付率高,那么用户满意度会上升但成本也会增加
平均处理时间	客服人员平均处理一张工单的时间。这与客服人员能力、工作流程效率等相关。时间越长,成本越高
首次解决率	客服人员能一次性解决用户问题,无须后续工作的比率。这与客服个人能力,服务系统支撑和流程等有关。首次解决率高,能降低成本,也能提高用户满意度

资料来源:网络公开资料整理。

在内部经营分析中,客服更多是成本、效率和质量的平衡,其取舍需要服务于企业战略。比如上文提到美团正在进军高星酒店市场。高星酒店的客人对于服务质量要求也会更高。为此,美团在 2020 年第三季度建立了高端酒店服务专组,更好地服务高星酒店顾客。这一部分业务显然会对客服团队的质量指标要求更严格,而并非一味追求成本最优化。

本章小结

本章对在线旅游平台(OTA)的行业概况、商业模式和典型企业财务数据进行了解析,探讨了典型互联网平台企业内部经营分析的要点。

| 第 10 章 |

互联网媒体行业财务分析实战

坐地铁或者公交的时候，我们经常会发现有些人会对着手机微笑，他们这个时候很有可能是在刷抖音或者快手等视频软件。那么，这些视频软件除了能给我们带来娱乐消遣外，他们自身又是如何搭建盈利模式，实现财富快速增值呢？本章介绍互联网媒体行业财务分析如何切入。

10.1 互联网媒体行业概况

20 世纪以来，全球商品经济繁荣发展，经济规模迅速增长，移动互联网媒体行业也进入了蓬勃发展时期。本篇将重点介绍网络视频行业，并挑选了几家典型的企业进行初步财务分析。

10.1.1 网络视频市场规模

在全球范围内，中国正在引领基于视频移动体验的发展，根据艾瑞咨询报告，2019 年中国有全世界最大的移动互联网用户群体，用户数达 8.73 亿，预计在 2025 年将达 11 亿，移动互联网用户数渗透率将从 62.4% 提升至 78.5%。而且，这些用户的日均在线时长从 2019 年的 4.35 小时，到 2025 年预计将达 5.73 小时/天，其中日均在线时长中，大约 36.3% 将用在基于视频的社交及娱乐平台上。

10.1.2 网络视频市场的政策和技术环境

工信部和国家新闻出版广电总局近期发布的各项政策文件充分利好视频的发展,5G 时代技术高发展又为视频行业提供了技术保障。

从 2019 年 3 月 1 号,工信部发布《超高清视频产业发展行动计划 2019—2022 年》,到 2019 年 8 月 19 号,广告总局印发了《关于推动广播电视和网络视听产业高质量发展的意见》等,各政府部门多次从政策高度、文化内容角度、科技角度和广电角度,细化和推进行业和国家层面对视频产业的支持。而移动互联网的快速发展和电视技术的日益成熟,智能手机的全面普及,加之宽带光纤的快速落户,5G、VR、AI 等高新技术,都为在线视频市场提供了坚实的基础。

10.1.3 网络视频市场的竞争者格局

随着互联网网络视频的市场规模增大,新技术变革带来的流量扩容,互联网媒体网络视频市场开始了下半场竞争。厂商扎堆异常激烈,各家对于用户的流量之争已经不是唯一目标,重点是需要了解用户的新动向,争取留住用户的更多时长和关注点。

2020 年,易观发布了《疫情下的网络视频市场观察报告》,如图 10-1 所示,梳理出了疫情期间表现市场上突出的种类和产品。从数据走势可以看出网络视频未来发展趋势。

(1)短视频和直播是越来越受欢迎的显著视频形式。

随着 5G 新技术变革带来的流量扩容,以及互联网用户习惯的改变,短视频综合平台的流量扩张和用户黏度提升表现明显,未来大概率可以全面超过综合视频。而随着短视频头部将直播内嵌为视频社交功能,短视频与电商的结合释放更大潜力,成为流量价值新注地。

(2)视频市场多元化内容生态蓬勃,动漫、知识、体育为代表的垂直品类崛起,小众化的内容社区出圈,逐步打破传统用户的格局,在年轻群体中非常流行,市场价值值得关注。

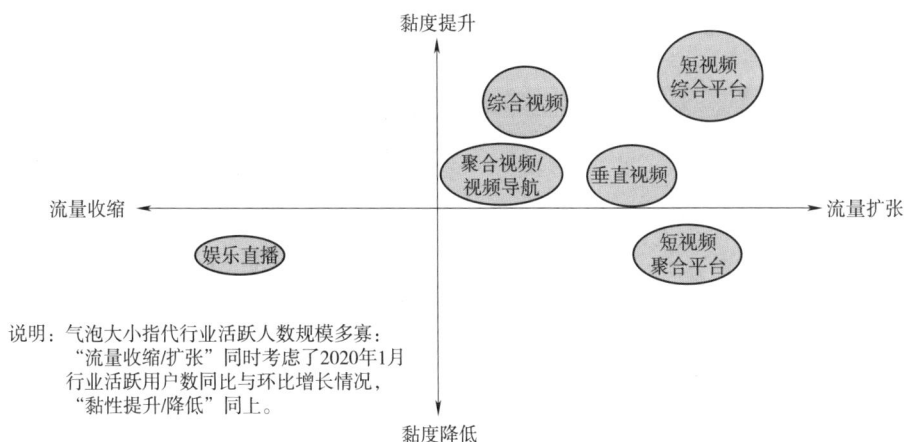

说明：气泡大小指代行业活跃人数规模多寡；
"流量收缩/扩张"同时考虑了2020年1月
行业活跃用户数同比与环比增长情况，
"黏性提升/降低"同上。

图 10-1　网络视频市场观察

那么，目前的市场主要竞争厂商的格局怎样？

我们从内容产生方式和视频的时间长短，对行业的主要厂商进行了分类，并且对各个厂商的实力矩阵进行了分析，如图 10-2 所示。

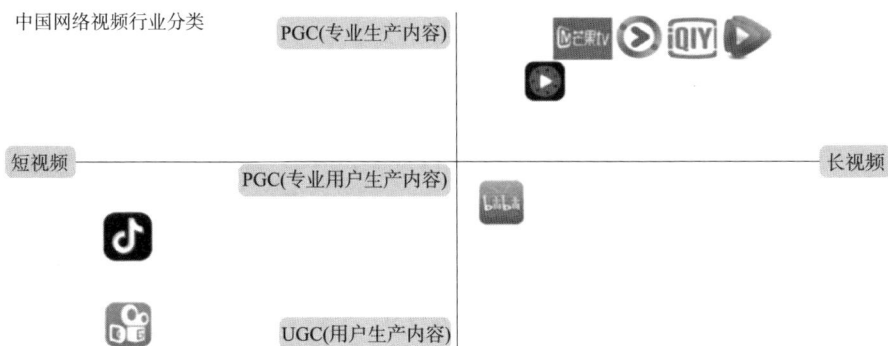

资料来源：莫尼塔研究，广大证券研究所。

图 10-2　中国网络视频行业分类

同时，根据广大证券 2021 年的研报研究，对这些主要在线视频的基本指标也进行了比较，如图 10-3 所示。

通过比较我们可以发现，网络视频市场中以抖音和快手为代表的"短视频＋直播"占据了消费者更多的注意力，而哔哩哔哩（下面简称 B 站）、知乎、小红书等社区型媒体正走出小众，在年轻群体中非常流行，它们的市场价值值得关注。

	哔哩哔哩	西瓜视频	爱奇艺	优酷	腾讯	芒果TV	抖音	快手
内容覆盖	PUGC+UGC+影视版权	PUGC+UGC+影视版权	PGC(影视版权+自制剧)+其他	PGC(影视版权+自制剧)+其他	PGC(影视版权+自制剧)+其他	PGC(影视版权+自制剧)+其他	UGC+PUGC	UGC+PUGC
Z世代用户占比	81.40%				90%	62.70%	73.60%	65.60%
MAU(亿)2020.10	1.27	1.24	5.3	2.2	4.74	1.8	5.3	4.25
DAU(亿)	0.53(20Q3)	0.5(19Q2)	1.03(20Q1)	10.83(19Q2)	1.13(19Q2)	0.54(Aug20)	>6(20Q3)	3.02(20Q2)
日均使用时长(分钟)	80.1(20Q3)	100(19Q2)	74(20Q1)	68(20Q2)	68(20Q1)	86.2(20Q3)	96(20Q3)	85(20Q2)
平台优势	1.社区文化氛围强 2.内容聚焦二次元	1.算法 2.字节系引流	1.内容资源丰富 2.算法	1.内容资源丰富 2.算法	1.社区互动属性强	1.内容聚焦热门 2.综艺	1.算法 2.字节系引流	1.社区互动属性强

资料来源：群邑智库，巨量算数，QuestMobile《2020中国移动互联网球机打报告》，《2019腾讯视频年度指数报告》，光大证券研究所。

图 10-3　视频行业公司基本指标分析

注：MAU 是一个用户数量统计名词，月活跃用户数量。DAU 是日活跃用户数量。

本篇挑选了目前处于网络视频媒体的厂商中流量价值后起之秀代表，快手(短视频)和哔哩哔哩(小众化垂直内容社区)作为典型企业进行进一步的研究，分析它们的商业模式和财务情况。

10.2　典型企业商业模式解析

根据本书第三章介绍的商业模式画布模型，其实质上就是回答了企业几个关键问题：企业价值是什么，企业目标客户是谁，企业怎样完成价值传递的，并且深入了解企业的收入来源和成本结构。

以哔哩哔哩(B 站)为例，B 站作为国内最大面向年轻一代的在线泛娱乐的社区之一，其主要的用户是中国新青年(Z 世代)。B 站是国内领先的高质量视频内容平台，以其强大的 UP 主资源(自媒体创作者)及视频内容消费场景成为新消费品牌触达用户的优良纽带。其通过优良的社区互动氛围和创作环境，得到了黏性极高的年轻用户群体，并通过网站、App、小程序等渠道通路构建了多重营销体系。

而快手，致力于注意力的普惠分发原则，让每个人有展示自己的舞台。在其自营的基于视频的社交平台网站上，通过对社交关系的产品定位以及流量普惠分发的去中心化算法机制，形成了"老铁关系链"这样的信任机制和高黏性的巨大私域流量。通过其视频网站、App 等,构建了直播业务、广告营销业务、电商业务等生态系统。

这两家公司的商业模型,根据商业画布的 9 个核心要素加上 1 个活跃用户数量分析见表 10-1。

表 10-1 商业模式对比分析

商业模式画布	B 站	快手
价值主张	年轻人综合文化社区	专注普通人的生活,给普通人展示自己的舞台
客户细分	B 站用户中有 81.7% 出生于 1990—2009 年,在招股书中被称为中国的 Z 世代	快手使用人群呈现年轻化特征,24 岁及以下的人群和 25 ~ 30 岁的人群占比分别达到了 49.81%、27.48%,且男性占据了较高的比例。快手的使用人群的收入普遍不高,月收入在 5 000 元以下占比约为三分之二
客户关系	B 站通过高质量、高黏性的在线社区方式与用户维护关系	通过短视频网站形成高黏度的"老铁关系链"与用户维护关系
渠道通路	网站、App、小程序等	网站、App、小程序等
关键业务	①视频网站 ②直播、电商、游戏等	①视频网站 ②直播、电商、游戏等
核心能力	优良的社区互动氛围和创作环境定位准确、黏性极高的年轻用户群体内容聚焦二次元	短视频网站的社交关系的产品定位与进行流量普惠分发的去中心化算法机制,形成了"老铁关系链"这样的信任机制和高黏性的巨大的私域流量
合作伙伴	影视剧、漫画版权商,UP 主,电商,广告商等	主播主持人,商家,广告商合作等
收入来源	广告服务、游戏代理、其他收入,如大会员的会员费,周边产品销售,直播打赏分成等	直播、线上广告营销服务、电商、其他服务收入
成本结构	收益共享成本(游戏开发商、直播主持人、UP 主等内容创作者的分成) 内容成本、影视、漫画、游戏授权成本 员工成本、维护成本等	①主播收入共享成本 ②外包收入 ③使用权授权成本 ④员工成本、维护成本等
特色要素分析: 用户数量(流量)	月用户流量 1.27 亿(2020. 10)	平均月活用户流量 4.25 亿(2020. 10)

通过对商业模式的梳理,我们可以了解到网络视频行业的核心竞争力实质就是建立一个有意义的连接。而它们的主要的收入来源于"互联网企业的变现多架马车":直播,电商,广告和游戏等。

(1)直播虚拟物打赏收入,直播用户通过向主播打赏虚拟物品表达对主播的喜爱和支持。

(2)广告收入。

(3)电商直播销售收入。

(4)短视频和直播平台的其他变现机会,包括但不仅限于会员费、周边产品、网络游戏、在线教育和本地服务游戏等收入。我们重点介绍下游戏业务运营,这是 B 站的主要业务之一。B 站通过对站内的高点击量、高观看量、高收藏量的二次元视频进行分析,确认该类型是否具有对应的高人气,从而孵化对应的 IP 游戏,并推荐给相应的主播、观看用户,进行引爆,实现发现—制作—精准定位的研发推广闭环。游戏收入有游戏联运、联合发行、代理发行、合作研发、投资研发物种等多种模式。

与收入来源相对应的成本结构可以分成以下几类。

(1)收益共享成本,如直播主持人的收入分成,UP 主(内容创作者)的分成等。

(2)内容版权费用,比如游戏,漫画等的版权。

(3)外包,内部人员和日常服务器等维护成本等。

10.3 哔哩哔哩、快手上市公司的财务报表分析

我们从外部使用者的角度,以企业公开的财务报表信息来对企业进行财务报表分析。

为了综合评价企业的基本情况,我们根据 B 站 2017 年到 2019 年的年度报表,和快手在 2020 年 1 月发布的招股说明书提供信息,计算了一些分析指标来体现企业的盈利能力、财务风险控制能力和成长能力等。

10.3.1 企业主要的盈利能力和成长性分析

快手和 B 站主要财务数据见表 10-2 ～ 表 10-5。

表 10-2 快手财务数据 单位:元

报表日期	2017 年	2018 年	2019 年
币种	人民币	人民币	人民币
年结日	12 月 31 日	12 月 31 日	12 月 31 日
营业收入	83.40 亿	203.01 亿	391.20 亿
销售成本	-57.29 亿	-144.98 亿	-250.17 亿
毛利(计算指标)	26.11 亿	58.02 亿	141.04 亿
其他收入	6 133.10 万	2.37 亿	2.60 亿
销售及分销成本	-13.60 亿	-42.62 亿	-98.65 亿
行政开支	-2.28 亿	-5.42 亿	-8.65 亿
研发费用	-4.77 亿	-17.55 亿	-29.44 亿
经营溢利(计算指标)	6.08 亿	-5.21 亿	6.89 亿
财务成本	-2 607.60 万	5 216.40 万	-1 103.70 万
影响税前利润的其他项目	-205.22 亿	-119.33 亿	-199.43 亿
税前利润(计算指标)	-199.41 亿	-124.01 亿	-192.65 亿
所得税	-1.04 亿	-2 822.10 万	-3.86 亿
影响净利润的其他项目	-2.09 亿	-5 644.20 万	-7.72 亿
净利润(计算指标)	-200.45 亿	-124.29 亿	-196.52 亿
本公司拥有人应占净利润	-200.45 亿	-124.29 亿	-196.52 亿

表 10-3 快手财务数据

报表日期	2017 年	2018 年	2019 年
币种	人民币	人民币	人民币
年结日	12 月 31 日	12 月 31 日	12 月 31 日
盈利能力			
毛利率	31%	29%	36%
净利率	-240%	-61%	-50%
成长能力			
收入	83.40 亿元	203.01 亿元	391.20 亿元
收入增长		143%	93%

续表

报表日期	2017 年	2018 年	2019 年
毛利	26.11 亿元	58.02 亿元	141.04 亿元
毛利增长		122%	143%
归母净利润	−196.52 亿元	−124.29 亿元	−200.45 亿元
归母净利润增长		−63%	−161%

表 10-4　B 站财务数据　　　　　　　　　　　单位:元

报表日期	2017 年	2018 年	2019 年
币种	人民币	人民币	人民币
年结日	12 月 31 日	12 月 31 日	12 月 31 日
主营收入	24.68 亿	41.29 亿	67.78 亿
营业成本	19.19 亿	32.73 亿	55.88 亿
毛利	5.492 亿	8.554 亿	11.90 亿
营销费用	2.325 亿	5.858 亿	11.99 亿
一般及行政费用	2.609 亿	4.612 亿	5.925 亿
研发费用	2.801 亿	5.375 亿	8.944 亿
管理费用	7.735 亿	15.84 亿	26.85 亿
营业利润	−2.243 亿	−7.290 亿	−14.95 亿
利息收入	148.3 万	6 871 万	1.628 亿
利息支出	—	—	−4 654 万
投资性减值准备	2 296 万	9 644 万	9 661 万
其他收入（支出）	1 852 万	2 646 万	2 641 万
汇兑损益	644.5 万	−166.1 万	−1 179 万
持续经营税前利润	−1.749 亿	−5.390 亿	−12.68 亿
所得税	888.1 万	2 599 万	3 587 万
持续经营净利润	−1.837 亿	−5.650 亿	−13.04 亿
净利润	−1.837 亿	−5.650 亿	−13.04 亿
少数股东损益	3.878 亿	5 130 万	−1 460 万
归属于优先股净利润及其他项	3.878 亿	6 461 万	—
归属于普通股股东净利润	−5.715 亿	−6.163 亿	−12.89 亿
股东应占溢利其他项目	—	—	—
归属于母公司股东净利润	−5.715 亿	−6.163 亿	−12.89 亿

表 10-5　B 站财务数据　　　　　　　单位:元

报表日期	2017 年	2018 年	2019 年
币种	人民币	人民币	人民币
年结日	12 月 31 日	12 月 31 日	12 月 31 日
盈利能力			
毛利率	22.3%	20.7%	17.6%
净利率	-7.4%	-13.7%	-19.2%
成长能力			
收入	24.68 亿	41.29 亿	67.78 亿
收入增长	371.7%	67.3%	64.2%
毛利	5.492 亿	8.554 亿	11.90 亿
毛利增长	320.1%	55.8%	39.1%
归母净利润	-5.715 亿	-6.163 亿	-12.89 亿
归母净利润增长	37.2%	-7.8%	-109.1%

(1)收入和毛利质量。

这两家企业的收入总额和毛利额高歌猛进,都保持了大幅度的年度增长。特别是快手,2018 年的收入比 2017 年增加 143%,毛利额增加了 122%,2019 年的收入相比 2018 年增加 92.7%,毛利额增加 143%,出现了年年翻倍的情况。这两个企业正处于高速发展的阶段,也符合前文提到的视频网络市场的迅速发展情况,且规模巨大。

为了进一步观察企业收入质量,我们通常对收入的分业务单元/分区域情况进行更细致的分析。主要是观察企业销售的产品或者劳务的结构变化情况,这些变化是否和企业的价值主张、战略定位有非常清晰的关系?我们根据前文提到这类企业典型的收入来源,来分析这两家企业的战略布局。

表 10-6 和表 10-7 显示了两个企业的收入呈泛化和多元化趋势。快手直播收入持续增加,但占总营收比例逐年下降,直播收入占总营收比例已从 2017 年的 95.3% 下降至 2020 年 9 月的 62.2%。而 B 站的游戏收入占比也从 2017 年的 83.4% 下降到 2019 年的 53.1%,营收来源多元化,单一业务风险降低,未来盈利能力将进一步加强。而 B 站也摆脱了单一手游收入的依赖,到了 2020 年第三季度,移动游戏业务收入同比增长 34.7%,达到 36.7 亿

元,收入占比为 45%,占比降至 50% 以下,呈现业务多元化之势。如果企业对某一类产品或者对某一个类型的产品过度依赖,会对某些外界的变化因素特别敏感,这就是经营风险。

表 10-6　快手财务数据

项　　目	截至 12 月 31 日止年底						截至 9 月 30 日止九个月			
	2017 年		2018 年		2019 年		2019 年		2020 年	
	人民币千元	%	人民币千元	%	人民币千元	%	人民币千元	%	人民币千元	%
直播	7 948 997	95.3%	18 615 130	91.7%	31 442 341	80.4%	22 992 116	84.1%	25 309 312	62.2%
线上营销服务	390 581	4.7%	1 665 095	8.2%	7 418 502	19.0%	4 267 512	15.7%	13 343 194	32.8%
其他服务	—	—	20 420	0.1%	259 505	0.7%	78 340	0.3%	2 024 935	5.0%
	8 339 578	100.0%	20 300 645	100.0%	39 120 348	100.0%	27 267 968	100.0%	40 677 441	100.0%

表 10-7　B 站财务数据

项　　目	截至 12 月 31 日止年底						截至 9 月 30 日止九个月			
	2017 年		2018 年		2019 年		2019 年		2020 年	
	人民币千元	%	人民币千元	%	人民币千元	%	人民币千元	%	人民币千元	%
直播	2 058 226	83.4%	2 936 331	71.1%	3 597 809	53.1%	2 726 444	57.2%	3 673 726	45.0%
线上营销服务	176 443	7.1%	585 643	14.2%	1 641 043	24.2%	1 070 183	22.4%	2 598 437	31.8%
其他服务	159 760	6.5%	463 490	11.2%	817 016	12.1%	527 421	11.1%	1 120 348	13.7%
	74 620	3.0%	143 467	3.5%	722 054	10.7%	446 105	9.4%	766 338	9.4%
	2 469 049	100.0%	4 128 931	100.0%	6 777 922	100.0%	4 770 153	100.0%	8 158 849	100.0%

毛利率的走势也是我们应该关注的问题,毛利率在很大程度上反映了企业产品的竞争力和产品开发策略。

近三年,快手的毛利和毛利率处于上升趋势,主要得益于毛利率较高的线上营销服务大幅增长占总营收的 33%(包括广告服务与快手粉条,其中广告服务毛利可约达 60%)。随着线上营销服务逐步增加,快手毛利率也将随之上升。而反观 B 站,经营成本高涨,特别在 2019 年,经营成本占收入的 82.4%,这个和它大举进入直播业务的侧重不无关系。2019 年年报显示,B 站花费重金拿下未来三年英雄联盟 S 赛的直播权,并签约著名直播主持人。

（2）费用的质量。

我们对费用数额进行比较的时候，要重视其费率和企业的组织结构和业务结构的关系。虽然有些费用可以通过决策来改变其规模，但是没有发生这些费用，很难说企业有发展前途的。

如图 10-4 所示，快手销售费用率 2020 年第三季度达到 48.8%，经过分析了解，是其推广新产品——快手的极速版 App 及其他应用程序的营销开支与品牌营销活动开支大幅提升所致，表明了快手大举提高其广告营销收入的举措，这和其在线广告收入大幅增长相呼应。而 B 站在 2020 年第三季度的营销费用高涨到 30%（图 10-5），如之前毛利率分析中所提，它正在为大举进入直播领域做推广准备。

快手2017—2020第三季度费用和收入比率

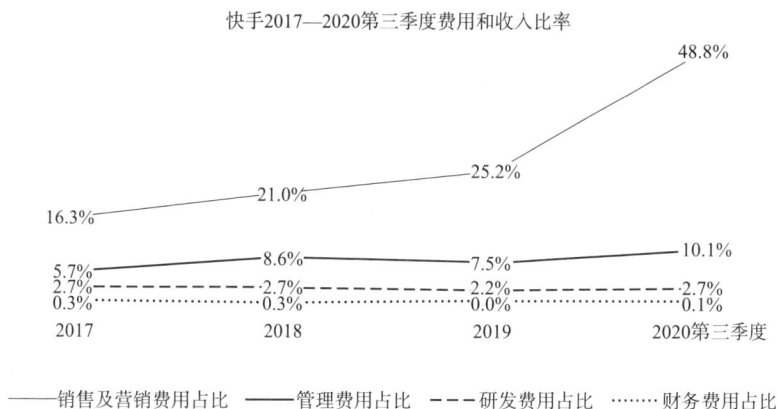

图 10-4 快手财务数据

B站2017—2020第三季度费用和收入比率

图 10-5 B 站财务数据

　　另外,从研发费用来看,两家企业将收入的 10% 以上的投入放在研发费用上。特别是快手,2020 年第三季度的研发费用占比比 2019 年增长了101%,说明企业也正在为将来的快速发展积蓄技术的支持。

　　所以,我们需要分析费用的数额和收入的比例,更需要关注企业的战略,根据目标市场地位与现有资源之间的差距,来权衡资源的使用。

　　(3)归母净利润质量。

　　B 站自成立以来,一直处于亏损状态,2019 年亏损额达到 12.89 亿元,同比亏损 102%。不过 2019 年仍然保持着经营活动正向的现金流,加之丰裕的筹资活动产生现金净流入,目前现金情况良好。但是企业面临的重要难题,就看能否通过高质量内容投入完成转化,扭转持续亏损的局面。

　　2017—2019 年,快手的净利润为巨额亏损。但是,经过进一步分析,我们发现造成这种情况的原因是由于在前期筹资期间,投资人与公司签订了可赎回优先股条款。通俗一点解释,根据投资要求,如果公司上不了市,快手需要以固定价格回购投资人手中的股权。这对于快手来说是一项巨大的潜在成本,根据国际会计准则,需要在报表上计入"可转换可赎回优先股公允价值变动"。不过上市后优先股如转换为普通股,其造成的负债及亏损也将随之消失。

　　我们在分析快手的经营情况时,往往会将财务成本加回到净利润中,产生"经调整净利润",这一数字更能真实反映快手的实际情况。从表 10-8 看出,快手的"经调整净利润"从 2017 年起一直为正,过去三年分别为 7.77 亿元、2.04 亿元和 10.3 亿元。事实上,此前美团和小米赴港上市时也有类似的经历。这种调节利润的"小心机"是互联网公司的普遍做法,为上市后释放利润利好留出了空间。从调整后的利润来看,快手的净利率也有增加,2019 年达到 10.3 亿元。

表 10-8　快手财务数据

报表日期	2017 年	2018 年	2019 年
币种	人民币	人民币	人民币
年结日	12 月 31 日	12 月 31 日	12 月 31 日
归母净利润	-196.52 亿元	-124.29 亿元	-200.45 亿元
归母净利润（调整后）	7.77 亿元	2.04 亿元	10.3 亿元
归母净利润增长（调整后）	—	-73.7%	404.9%

10.3.2　企业主要的财务风险控制分析

企业的效益主要体现在利润表上,但是要了解效益的质量,光看利润表是不够的,还要结合资产负债表和现金流量表来进行分析。快手和 B 站的相关数据见表 10-9 和表 10-10。

表 10-9　快手 2017—2019 报表指标比例

报表日期	2017 年	2018 年	2019 年
币种	人民币	人民币	人民币
年结日	12 月 31 日	12 月 31 日	12 月 31 日
偿债能力			
流动比率（倍）	2.23	2.67	1.13
资产负债率	388.4%	316.7%	271.9%
经营业务现金净额÷流动负债	0.81	0.45	0.52
资产负债率（调整后）	41.9%	30.2%	57.7%

表 10-10　B 站 2017—2019 报表指标比例

报表日期	2017 年	2018 年	2019 年
币种	人民币	人民币	人民币
年结日	12 月 31 日	12 月 31 日	12 月 31 日
偿债能力			
流动比率（倍）	1.54	1.99	2.42
经营业务现金净额÷流动负债	0.33	0.22	0.05
资产负债率	40.3%	31.5%	50.8%

从短期偿债能力来看,两家企业的流动比率都比较高,说明日常经营不需要依靠大量短期资金的支持。一般来讲,流动比率在 1.5~2.0 比较好。流动比率越高,表明资金利用效率越低,企业缺乏高效率的投资项目。2019年快手的流动比例 1.13,似乎比率过低。但是进一步分析发现,2019 年快手确认 15 亿元预收客户账款确认了流动负债,比 2018 年的 4.8 亿元增加了两倍多。客户预付款主要指来自直播客户的预付款以及来自在线营销服务客户预付款,这其实体现了快手对下游的管理和议价能力。

从长期负债能力来看,剔除快手可赎回负债对快手的影响,这两家企业都保持健康的风险控制能力。

从经营业务现金净额与流动负债比例来看,B 站 2019 年的经营业务现金净额虽然保持正向,但是比 2018 年减少 73%,2019 年当期经营活动为保障每 1 元流动负债提供的现金支持仅为 0.05 元,显示上市公司经营活动提供的现金净流量几乎不能缓解流动负债的压力,企业短期负债需要其他途径来解决。

从企业的公开财务报表信息来看,这两家企业的基本面情况良好。

(1)两家企业都属于高速发展的时期,收入和毛利增加迅速。快手的毛利率略好于 B 站,主要原因是快手大力发展了高毛利的广告营销收入。而 B 站也摆脱了单一手游收入依赖,收入开始泛化,进入直播和广告领域,只不过要赶上这个领域行业的头部企业,还需要大量的资金和时间。

(2)两者财务风险控制能力较强,得益于他们充足的筹资现金流入。但是要留意经营情况,看企业是否能够带来除了营业收入的增长之外,企业效率能否持续增长,企业经营活动净额是否增长。

以上的案例分析,仅为大家从展示部分财务报表的指标分析的过程和看问题思路,不作为投资的参考。而且根据这两家企业的发展阶段,很多核心的指标并没有包括,比如营运/盈利能力的指标,应收账款周转率,净资产收益等。

除了利用公开的财务报表,对企业的经营情况初步了解之外,如要进一步分析还需要结合行业的关键指标和企业内部的其他经济资料。

10.4 典型互联网媒体企业内部经营分析

我们再从管理者的角度,进行内部经营分析,去探究出业绩的驱动因素,以求为未来改进业绩提供建议。除对企业的安全性、盈利性做必要的关注外,内部经营分析更着重于效率性分析。

如何进行内部经营分析,通常需要对会计资料,外部业务资料和行业情况等经济资料进行计量、统计。更要深挖到业绩驱动的决定性因素,结合行业的关键指标和企业的战略要求,讨论制定出相关的核心关键要素。在日常对这些指标和经营预算进行对比,分析偏差原因,提出管理建议。同时更有效的方式,应该是结合绩效考核,定期跟进,跟踪执行情况。

很多企业利用大数据,建立了一整套内部经营分析的模型,进行数据收集和监控分析,并实时进行 BI 展示,便于管理层经营决策,其所涉及模型有很多,而本章仅针对我们前文介绍的视频网络市场中的两家典型企业,找出影响他们经营成果的关键因素,并对这些关键因素进行量化,从而衡量企业经营成果的实现。

(1)确定收入驱动因素。

从前文行业分析中,我们了解到,对于短视频的社交平台,扩大其用户群及提升用户参与度,对业务变现、增加收入及实现盈利至关重要。

所以我们需要关注的首先是基本用户数量和原创内容质量和数量指标。

①日/月活跃用户数量(DAU/MAU)。

②每位日活跃用户日均使用时长。

③新/老用户留存。

④上传/转发内容/短视频的数量。

⑤点赞总数/观看总量等。

同时,我们需要将这些基本面的数据和收入指标匹配,形成效率指标,便于我们制定核心的指导指标。

①平均每个活跃用户收益(ARPU)。

②平均每个付费用户平均收益。统计周期内付费用户对产品/服务产生的平均收入(ARPPU)。

③GMP 成交总额指下单产生的总金额。

④eCPM 每一千次展示可以获得的广告收入。

根据不同收入驱动因素,结合基本用户数和行业指标,可以成为日常衡量和监测收入效率的重要指标,进行日常监测。

①直播业务收入,可以关注每月直播付费用户平均收入(ARPPU)。

②广告营销用户,可以衡量日活跃用户平均线上营销收入(ARPU)。

③eCPM 来衡量平台广告产品的竞争力。

结合这些经营效率的指标,我们可以衡量和对比企业自身的经营效益,也可以横向和竞争厂商进行比较,进行适当的资源配置、合理的财务预算和控制。

我们以快手和 B 站为例,2020 年第三季度 B 站的直播业务经历了快速发展,采用简化计算的方式,可以测算 B 站的直播业务增长情况其 ARPPU 为 13 元,和自身相比有长足的进步。但是相对比行业的头部企业,快手的同期的 ARPPU 是 52.5 元,这说明 B 站这个方面和赛道中的头部企业的效率差距还很大。

对于快手的线上营销服务收入情况,我们结合快手主战场短视频平台的日活跃用户来看一下这个收入的发展情况和未来的发展空间。从快手的招股说明书可以看到,ARPU(每位日活跃用户的平均线上营销服务收入)快速上升,从 2017 年的 5.9 元跃至 2020 第三季度的 50.9 元,但是,如果对比国内外广告营销的头部企业,Facebook(社交平台)、抖音信息流广告 ARPU 均超过 100 元,快手广告 ARPU 总体仍处于较低水平。

又比如,从另外一个关键指标 eCPM 来看,B 站广告单价比其他平台更低,eCPM 不到 10 元,而抖音的 eCPM 达到 140 元。

（2）有效利用销售及营销开支。

推广和广告开支是为了获取及挽留用户的成本和品牌营销活动的开支。分类有很多：①为推广产品及服务组合获取及挽留用户而产生的成本；②为提高品牌知名度（长远有利生态系统的整体发展）而产生品牌营销活动的开支等。

通常我们以营销费用和收入的整体比率来进行分析和控制。但从内部经营的角度，还需要从投入和产出的效益比例来合理指导营销费用使用情况。比如建立如下指标。

①CAC 用户获取成本/CPM 千次展示成本/CPC 按点击付费等。

②ROI 投入产出比，等等。

一些大数据的互联网公司通过建立内部的 DMP（数据管理平台），从而对广告的 ROI 进行监测。所以我们需建立一定指标体系来衡量广告的效果，而不是一个绝对值或者简单的和收入比例来进行控制等。

本章小结

我们要完成对企业的财务经营分析，不仅要研究行业的概况，了解企业的商业模式，还要根据公开的财报等信息，对企业的基本的经营成果进行分析，更要深入企业业务部门日常的经营决策中去，从简单的统计工作上升到洞察层次，探究出业绩的驱动因素，发现企业生产经营中存在的问题，为未来改进业绩提供建议。

第11章

电子商务行业公司财务实战分析

提到互联网公司,大家最熟知的就是淘宝、京东等。很多人说,电子商务就是把线下的销售搬到了线上,换汤不换药,真的是这样吗? 这章让我们来了解一下电子商务公司的财务分析。

11.1 国内电子商务行业概况

电子商务是以网络通信技术进行的商务活动。通过使用互联网等电子工具在全球范围内进行的商务贸易活动,包括商品和服务的提供者、广告商、消费者、中介商等有关各方行为的总和。

全球电子商务从 20 世纪 90 年代迅速发展,短短几十年之后,中国的线上交易量于 2016 年超过美国,以京东和天猫为代表的电子平台推进了消费者的网购习惯,加大了消费者的购物需求。电子商务产业经过二十多年的发展,已广泛渗透到社会经济领域的方方面面,其市场发展态势正逐步从高速增长向稳健发展过渡。下面我们从中国电子商务行业市场规模、产业链、竞争格局以及行业发展前景进行分析。

1. 市场规模

《中国电子商务报告 2019》显示,2019 年,中国电子商务市场规模持续引领全球,服务能力和应用水平进一步提高。中国网民规模已超过 9 亿人,互联网普及率达 64.5%；全国电子商务交易额达 34.81 万亿元。随着互联网用户的增加，以及疫情催生消费习惯转变。线下消费逐渐向线上消费迁移，电子商务渗透率和销售额将不断提升。

2019 年，阿里巴巴、京东、拼多多、微店四大主流电商平台活跃卖家数量达到 1 196.47 万家。截至 2020 年 12 月 31 日止 12 个月，中国零售市场年度活跃消费者达到 7.79 亿人，单季净增长 2 200 万元。

中国电子商务行业的产业链方面。上游为电商服务提供商和电商卖家提供交易场所的线上服务平台，如阿里巴巴商家服务市场。服务提供商在服务平台展示其产品及服务，广大卖家根据自身需求挑选适合的相应产品，并根据选择的服务周期进行费用支付。服务平台提供相关的技术服务，并向电商服务提供商收取相应的服务费。中游为电商服务提供商，为广大电商卖家提供装修设计、视觉服务、商品管理、订单管理、品牌管理、流量推广等服务。下游为各个平台上的广大电商卖家，为了改善自身的经营效率、提升收益水平，向服务提供商订购相应的产品或服务。对于电商服务提供商而言，下游卖家直接带动他们的业务发展，因此下游卖家的需求变化对整体服务行业影响至关重要。而上游的服务市场是电商服务提供商生存的媒介平台，服务市场的发展成熟度以及平台上的相关规则变化对服务提供商来说影响也非常大。

2. 格局方面

如今，我国电商行业以电商三巨头：阿里巴巴、京东、拼多多的较高垄断性竞争格局已大致形成。阿里巴巴、京东创立时间较早，为互联网普及后第一批成功开拓市场的电商网络平台，行业领先地位牢固；拼多多虽是后起之秀，但依靠其频繁的广告营销以及拼单低价出售商品的战略，也成功抢占了部分市场。

（1）阿里巴巴——电商以外业务扩张迅速。目前阿里巴巴涉及业务范围较广。2019 年，阿里巴巴营业收入中除各类零售商业与批发商业之外的物流服务、本地生活服务、云计算等其他业务类型收入所占比重约为 24%，且得益于这些业务收入 2019 年较高的同比增速，使得阿里巴巴 2019 年总营业收入实现 38% 的增长率。可见,阿里巴巴业务重心不再集中于网络零售以及批发商业,而是向多个业务分支分散,形成以零售批发为主,其他多重业务类型为辅同步发展的经营战略。

（2）京东——加强平台流量与物流能力,开启转型之路。京东目前业务重心仍集中于传统电商零售收入,但其京东物流等其他服务收入占比的提升反映其已逐渐跟随阿里巴巴的步伐,开启向多重模式的转型之路。

3. 发展前景

网络购物交易规模持续上涨但是增速开始降温。

2018 年中国网络购物市场规模达 8.0 万亿元,同比增长 28.3%,在社会消费品零售总额中的占比持续提升。尽管网络购物的规模仍在持续不断的增长中,但各大电商平台线上获客成本日益高涨也是不争的事实。众多电商行业也在纷纷探寻新的增量市场:一方面丰富营销方式,通过营销社交化、内容化、界面内容化、定制化来吸引更多消费者的注意力;另一方面通过全品类、全渠道、全场景,探寻线下流量入口,如图 11-1 所示。

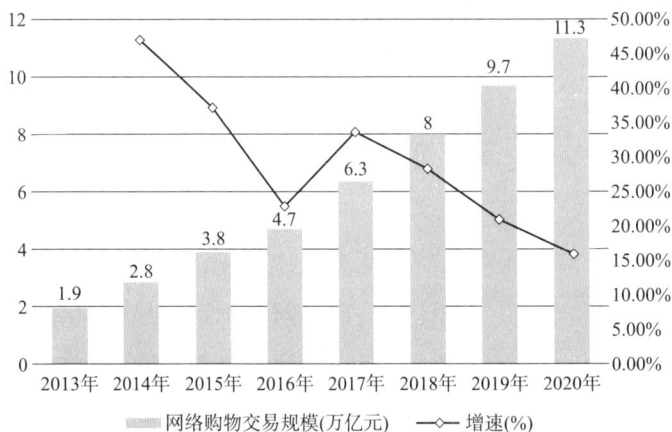

图 11-1　2013—2020 年中国网络购物交易规模

（1）天猫、京东继续维持领先优势,集中度保持稳定。

从中国 B2C 网络购物的市场份额来看,天猫、京东始终维持在 TOP2,2018 年两大巨头占比达 81.9%,继续维持领先优势。从变化趋势来看,近两年行业市场集中度基本维持稳定。

（2）电子商务行业数字化大趋势。

伴随软硬件技术的迅猛提高,电商网站规模不断增大与消费者需求日益个性化之间的矛盾可有望得到解决。疫情从根本上改变了消费者的行为和企业运营方式,数字化是大势所趋。

11.2 京东、阿里巴巴商业模式解析

京东于 2004 年正式涉足电商领域。2014 年 5 月,京东集团在美国纳斯达克证券交易所正式挂牌上市,是中国第一个成功赴美上市的综合型电商平台。2020 年 6 月,京东集团在香港联交所二次上市,股份代号 9618,在港上市首日高开 5.75%,报 239 港元,总市值为 7 386 亿港元,募集资金约 345.58 亿港元,用于投资以供应链为基础的关键技术创新,以进一步提升用户体验及提高运营效率。

2017 年年初,京东全面向技术转型,迄今京东体系已经投入了近 600 亿元用于技术研发。京东定位于"以供应链为基础的技术与服务企业",目前业务已涉及零售、科技、物流、健康、保险、产发和海外等领域。

2019 年,京东全年净收入为 5 769 亿元人民币(约 829 亿美元),同比增长 24.9% ;这其中,全年净服务收入为 662 亿元人民币(约 95 亿美元),同比大幅增长 44.1%。

经过多年的迭代,京东已经从自营模式转向以"自营为主,以平台为辅"的商业模式,并且平台业务占比逐步增大。京东商业模式简析如图 11-2 所示。

坚持"多""快""好""省"的价值主张。

电子商务的本质在于,最快、最好地使产品和消费者发生关系。中国电商五大模式分别为产业链模式、平台模式、O2O 模式、特卖模式、社交模式。

京东的商业模式区别于天猫的商业模式。京东是产业链模式的典

范,而天猫则是开放平台模式的代表。京东侧重于零售服务商,以交易为基础,延伸至仓储、配送、售后、营销等环节。用互联网的方式整合上下游、优化供应链,在产品成本上面下功夫,通过商品经营的主营业务来争取利润。

图 11-2　京东集团商业模式

阿里天猫是平台电商,并不参与商品的销售和服务,商品的销售、配送和售后均由卖家负责。平台仅提供展示机会和流量来源,他们尽可能地招揽卖家,然后给卖家一个站点,由卖家自己更新和维护,并向他们收取保证金、软件和服务费用、广告费用、技术服务年费等费用,这也就决定了京东和天猫的成本结构,以及收入来源的不同。

11.3　京东、阿里巴巴的财务分析

我们分别从主要指标、杜邦分析以及财务报表分析三个维度展开。

表 11-1 两大电子商务公司的主要指标分析

公　　司	京　　东			阿里巴巴		
截止日期	2019-12-31	2018-12-31	2017-12-31	2020-12-31	2019-12-31	2018-12-31
每股指标						
基本每股收益(元)	4.18	−0.87	−0.05	7.21	7	2.99
稀释每股收益(元)	4.11	−0.87	−0.05	7.09	6.89	2.94
TTM 每股收益(元)	—	—	—	7.353 4	8.020 1	—
每股净资产(元)	29.976	21.590 5	18.03 95	43.682 1	35.034 9	
每股经营现金流(元)	9.075	7.542 8	9.309 7	9.591 2	8.314 5	
每股营业收入(元)	211.259 3	166.891 3	125.599 4	24.481	18.423 3	
成长能力指标						
营业总收入(元)	5 768.88 亿	4 620.20 亿	3 623.32 亿	5 298.94 亿	3 953.97 亿	2 833.46 亿
毛利润	844.21 亿	659.54 亿	508.15 亿	2 341.43 亿	1 855.32 亿	1 320.27 亿
归母净利润	121.84 亿	−24.92 亿	−1.52 亿	1 559.44 亿	1 462.13 亿	619.73 亿
营业总收入同比增长(%)	24.862 3	27.512 9	—	34.015 7	39.545 6	
毛利润同比增长(%)	28.000 7	29.791 9		26.200 9	40.525 8	
归母净利润同比增长(%)	589.002 8	−1 536.465 3		6.655 4	135.930 2	
营业总收入滚动环比增长(%)	24.862 3	27.512 9		6.570 6	8.243 7	0
毛利润滚动环比增长(%)	28.000 7	29.791 9		4.812 2	8.051 6	0
归母净利润滚动环比增长(%)	589.002 8	−1 536.465 3		−24.906 3	52.137 9	0
盈利能力指标						
平均净资产收益率(%)	17.206	−4.456 8	—	18.239	23.375 6	—
年化净资产收益率(%)	17.206	−4.456 8	—	24.257 8	31.089 6	—
总资产净利率(%)	5.197	−1.267 3		10.578 7	12.8	
毛利率(%)	14.633 9	14.275 1	14.024 4	44.186 8	46.923	46.595 7
净利率(%)	2.061 1	−0.606 2	−0.003 2	28.484 6	35.408	20.065 6
年化投资回报率(%)	6.734 8	−1.577 7		20.199 1	25.714 2	
盈利质量指标						
所得税÷利润总额(%)	13.163 7	—	115.404 3	12.836 7	11.355 2	16.858
经营现金流÷营业收入(%)	4.295 7	4.519 6	7.412 2	39.178 2	45.130 1	46.735 1

续表

公　　司	京　　东			阿里巴巴		
截止日期	2019-12-31	2018-12-31	2017-12-31	2020-12-31	2019-12-31	2018-12-31
财务风险指标						
资产负债率(%)	61.257 2	63.269 1	71.536 4	33.811 7	34.284 7	—
流动负债÷总负债(%)	88.006	91.329 2	89.810 9	64.777	58.016 5	—
流动比率	0.993 4	0.867 6	0.972 8	1.668 9	1.750 6	—

数据来源于:东方财富网。

1. 主要指标分析(表 11-1)

通过对比分析,我们可以看到在成长指标上面,京东作为后起之秀,2019 年度营业总收入 5 768.88 亿元人民币,高于阿里巴巴的营业总收入 3 953.97 亿元人民币,同时营业总收入滚动环比增长以及毛利润滚动环比增长(%)指标表现都要高于阿里巴巴。毛利方面,京东 2019 年毛利润 844.2 亿元人民币,毛利率为 14.6%,在过去三年保持稳步提升。这也充分体现京东在成本控制及供应链等方面做出的持续努力。

盈利能力指标表现,京东 2019 年的毛利率和净利率分别为 14% 和 2%,低于阿里巴巴的 46.92% 和 35.41%,产生这种毛利率较低现状的原因主要有两点:其一,京东要自建物流仓储等一系列环节,相比其他电商的资产更重,生产成本也就更高;其二,京东是产业链电商模式,在网上卖货,而不像天猫商城只做平台不进货,赚的都是商家为了上首页的广告收入以及其他技术服务收入。另外相对于自身而言,京东在 2019 年终于摆脱了过去长久以来时而盈利时而亏损的不稳定局面,给资本市场以及投资人一支强心剂。

2. 杜邦分析

通过数据分析经营策略。京东的营业净利润率 1.43%,总资产周转率 2.22,阿里巴巴的营业净利润率 27.20%,总资产周转率 0.39,如图 11-3 和图 11-4 所示。我们不难看出,京东采用的是低毛利、高周转的经营策略,走规模化路线。

通过数据看京东财务政策,相对于中国企业的财务杠杆通常比率 50% 而言,京东财务杠杆是相对偏高的,大家可以尝试分析下原因。

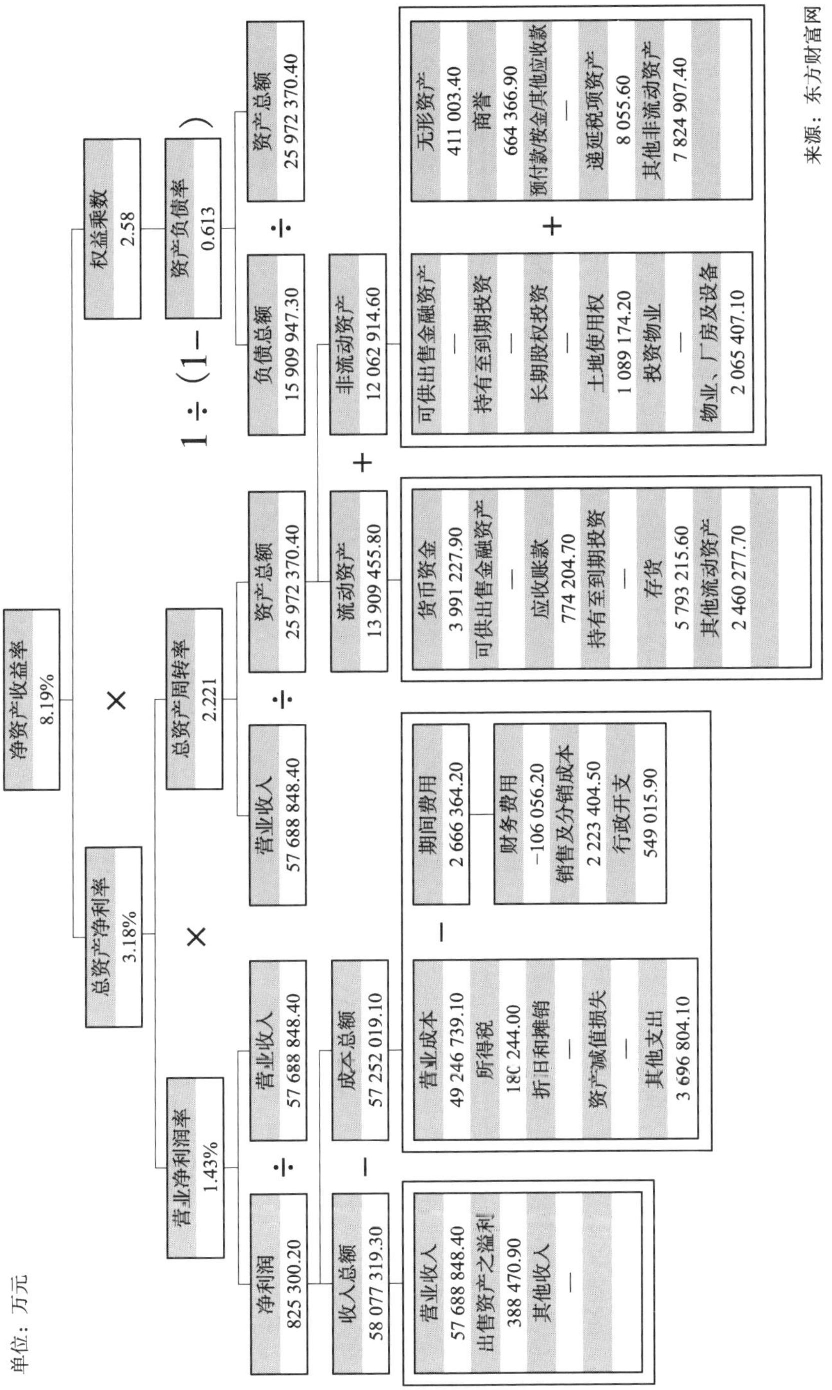

单位：万元

净资产收益率
8.19%

权益乘数
2.58

资产负债率
0.613

资产总额
25 972 370.40

1 ÷ (1 −)

负债总额
15 909 947.30

无形资产
411 003.40
商誉
664 366.90
预付款项/其他应收款
—
递延税项资产
8 055.60
其他非流动资产
7 824 907.40

非流动资产
12 062 914.60

可供出售金融资产
—
持有至到期投资
—
长期股权投资
—
土地使用权
1 089 174.20
投资物业
—
物业、厂房及设备
2 065 407.10

总资产周转率
2.221

资产总额
25 972 370.40

营业收入
57 688 848.40

流动资产
13 909 455.80

货币资金
3 991 227.90
可供出售金融资产
—
应收账款
774 204.70
持有至到期投资
—
存货
5 793 215.60
其他流动资产
2 460 277.70

总资产净利率
3.18%

营业净利率
1.43%

营业收入
57 688 848.40

成本总额
57 252 019.10

期间费用
2 666 364.20

财务费用
−106 056.20
销售及分销成本
2 223 404.50
行政开支
549 015.90

营业成本
49 246 739.10
所得税
18C 244.00
折旧和摊销
资产减值损失
—
其他支出
3 696 804.10

净利润
825 300.20

收入总额
58 077 319.30

营业收入
57 688 848.40
出售资产之溢利
388 470.90
其他收入
—

图 11-3　京东杜邦分析（数据来源：前瞻眼）

来源：东方财富网

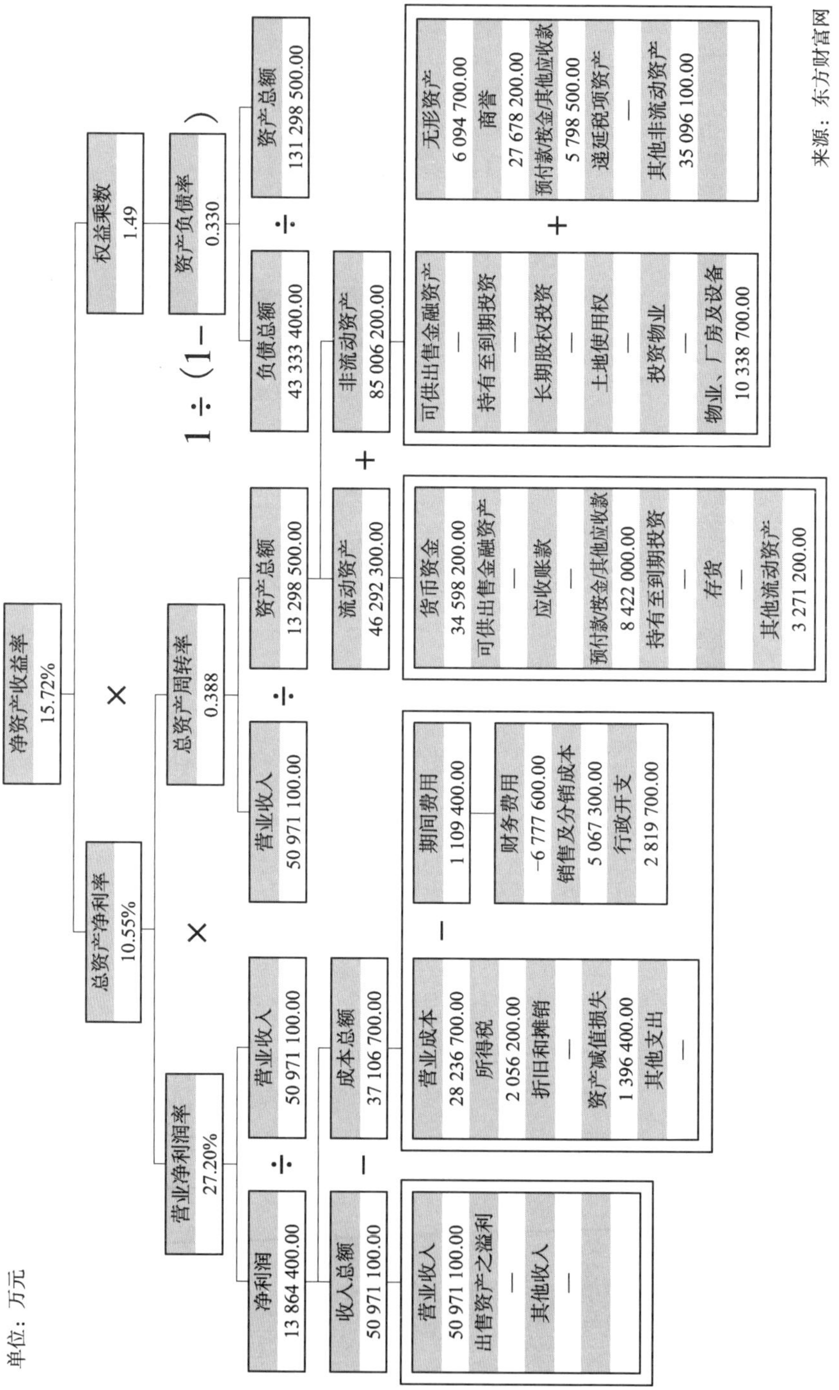

单位：万元

来源：东方财富网

净资产收益率 15.72%
× 总资产净利率 10.55%
权益乘数 1.49

权益乘数 1.49 ＝ 1 ÷（1 － 资产负债率 0.330）

资产负债率 0.330 ＝ 负债总额 43 333 400.00 ÷ 资产总额 131 298 500.00

总资产净利率 10.55%
＝ 营业净利润率 27.20% × 总资产周转率 0.388

总资产周转率 0.388 ＝ 营业收入 50 971 100.00 ÷ 资产总额 13 298 500.00

营业净利润率 27.20% ＝ 净利润 13 864 400.00 ÷ 营业收入 50 971 100.00

净利润 13 864 400.00 ＝ 收入总额 50 971 100.00 － 成本总额 37 106 700.00

收入总额 50 971 100.00：营业收入 50 971 100.00、出售资产之溢利 —、其他收入 —

成本总额 37 106 700.00：营业成本 28 236 700.00、所得税 2 056 200.00、折旧利摊销 —、资产减值损失 1 396 400.00、其他支出 —、期间费用 1 109 400.00

期间费用 1 109 400.00：财务费用 －6 777 600.00、销售及分销成本 5 067 300.00、行政开支 2 819 700.00

资产总额 131 298 500.00 ＝ 流动资产 46 292 300.00 ＋ 非流动资产 85 006 200.00

流动资产 46 292 300.00：货币资金 34 598 200.00、可供出售金融资产 —、应收账款 —、预付款及其他应收款 8 422 000.00、持有至到期投资 —、存货 —、其他流动资产 3 271 200.00

非流动资产 85 006 200.00：可供出售金融资产 —、持有至到期投资 —、长期股权投资 —、土地使用权 —、投资物业 —、物业、厂房及设备 10 338 700.00、无形资产 6 094 700.00、商誉 27 678 200.00、预付款及其他应收款 5 798 500.00、递延税项资产 —、其他非流动资产 35 096 100.00

图 11-4 阿里巴巴杜邦分析（数据来源：前瞻眼）

3. 财务报表分析

（1）利润表。

对于利润表，我们通常关注营业收入、净利润、各项费用、营业成本各个科目要素的增减变动比例是否合理以及分析业务动因。以京东为例，表 11-2 是其利润表。

表 11-2　京东利润表

项　　目	京东集团—SW		阿里巴巴—SW	
报告期	2019 年年报	2018 年年报	2019 年年报	2018 年年报
营业收入计算(元)	576 888 484 000	462 019 759 000	509 711 000 000	376 844 000 000
销售成本(元)	− 492 467 391 000	− 396 066 126 000	− 282 367 000 000	− 206 929 000 000
毛利计算(元)	84 421 093 000	65 953 633 000	227 344 000 000	169 915 000 000
销售及分销成本(元)	− 22 234 045 000	− 19 236 740 000	− 50 673 000 000	− 39 780 000 000
行政开支(元)	− 5 490 159 000	− 5 159 666 000	− 28 197 000 000	− 24 889 000 000
研发费用(元)	− 14 618 677 000	− 12 144 383 000	− 43 080 000 000	− 37 435 000 000
其他支出(元)	− 36 968 041 000	—	—	− 10 727 000 000
资产减值损失(元)	—	− 32 009 658 000	− 13 964 000 000	—
出售资产之溢利(元)	3 884 709 000	− 22 317 000	—	—
经营溢利计算(元)	8 994 880 000	− 2 619 131 000	91 430 000 000	57 084 000 000
财务成本(元)	1 060 562 000	1 263 383 000	67 776 000 000	38 916 000 000
影响税前利润的其他项目(元)	3 637 090 000	− 1 017 930 000	1 706 000 000	787 000 000
税前利润(元)	13 692 532 000	− 2 373 678 000	160 912 000 000	96 787 000 000
所得税(元)	− 1 802 440 000	− 426 872 000	− 20 562 000 000	− 16 553 000 000
影响净利润的其他项目(元)	—			− 33 106 000 000
净利润(元)	11 890 092 000	− 2 800 550 000	140 350 000 000	80 234 000 000
本公司拥有人应占净利润(元)	12 184 155 000	− 2 491 633 000	149 433 000 000	87 886 000 000
非控股权益应占净利润(元)	− 294 063 000	− 308 917 000	− 9 083 000 000	− 7 652 000 000

在收入组成上，京东 2019 年产品销售收入达到 5 107.3 亿元人民币，同比增长 22.7%；服务收入为 661.5 亿元人民币，同比增长 44.1%。值得注意的是，公司服务收入在过去三年占比持续上升，从 2017 年的 8.4% 提升到 2019 年的 11.5%。

公司服务收入快速增长，主要得益于物流及其他服务收入在 2019 年大幅增长。2019 年，京东物流及其他服务收入为 234.7 亿元，同比大幅增长89.6%。

除此以外，服务收入中的第三方商家服务及广告收入 2019 年同比增长27.3%，达到 426.8 亿元人民币。

毛利方面，京东 2019 年毛利润 844.2 亿元人民币，毛利率为 14.6%，在过去三年保持稳步提升。这也充分体现京东在成本控制及供应链等方面做出的持续努力。对于零售企业来说，本身就是一个利润率很薄的行业，京东在净利润率上 1 个百分点的提升则意味着几十亿元的利润空间。

京东在 2019 年盈利能力的长足进步，一方面得益于毛利水平的提升，更重要的是公司在费用控制上的效果显现。2019 年受宏观经济增速放缓以及贸易战等因素影响，各家大厂不得不放慢扩张的步伐，而将注意力更多地放在内部降本增效上，京东自然也不例外。

2019 年年初，京东大刀阔斧地对内部组织及人员进行了优化，对于长期以来亏损且无发展前景的业务进行了一系列"关停并转"；对于人员结构及组成同样进行了优化提升。公司整体经营效率在 2019 年实现提升。

京东在 2019 年的总经营费用为 423.4 亿元人民币，经营费用率为7.3%，低于 2018 年 0.6 个百分点。

京东在履约成本上实现降本增效。公司 2019 年履约成本 369.7 亿元人民币，履约成本率为 6.4%，连续三年呈现下降趋势。值得注意的是，其履约成本率的下降，更多的是通过技术提升以及效率提升来带动，其长期以来赖以生存的物流体验并未因此下降。

（2）资产负债表。

对于资产负债表而言，我们首先关注偿债比例，保持合理的短期偿债能力和长期偿债能力，规避财务风险。其次，结合资产负债表和利润表相关数据，我们可以进行同行业间营运能力——资产周转率的对比分析。前面已经提到京东是低毛利、高周转的经营策略，相对而言，阿里巴巴则采取的是高毛利、低周转的经营策略。

通过资产的绝对值比较,2019 年京东的资产总额为 2 597 亿元,阿里巴巴的资产总额 13 129 亿元,见表 11-3。结合利润表中的净利率,我们可以得出两家公司的总资产净利率经营指标,从而进行不同规模公司间的业务比较分析。

表 11-3 京东与阿里巴巴资产负债表对比分析

资产负债表				
项 目	京东—SW		阿里巴巴—SW	
报告期	2019 年年报	2018 年年报	2019 年年报	2018 年年报
截止日期	2019-12-31	2018-12-31	2020-3-31	2019-3-31
报表类型	合并报表	合并报表	合并报表	合并报表
报表年结日	1231	1231	331	331
上市前/上市后	上市前	上市前	上市后	上市前
原始币种	人民币	人民币	人民币	人民币
流动资产				
现金及现金等价物(元)	36 971 420 000	34 262 445 000	330 503 000 000	189 976 000 000
受限制存款及现金(元)	2 940 859 000	3 239 613 000	15 479 000 000	8 518 000 000
应收账款及票据(元)	7 742 047 000	13 826 463 000	—	—
应收关联公司款项(元)	4 234 067 000	3 136 265 000	—	—
预付款项、按金及其他应收款项流动(元)	4 671 232 000	4 325 334 000	84 229 000 000	58 590 000 000
存货(元)	57 932 156 000	44 030 084 000	—	—
流动资产其他项目(元)	24 602 777 000	2 035 575 000	32 712 000 000	13 189 000 000
流动资产合计(元)	139 094 558 000	104 855 779 000	462 923 000 000	270 273 000 000
非流动资产				
物业、厂房及设备(元)	20 654 071 000	21 082 838 000	103 387 000 000	92 030 000 000
预付款项、按金及其他应收款项非流动(元)	—	1 896 200 000	57 985 000 000	28 018 000 000
土地使用权(元)	10 891 742 000	10 475 658 000	—	—
商誉及无形资产(元)	10 753 703 000	11 655 375 000	337 729 000 000	333 211 000 000
其中:商誉(元)	6 643 669 000	6 643 669 000	276 782 000 000	264 935 000 000
无形资产(元)	4 110 034 000	5 011 706 000	60 947 000 000	68 276 000 000
递延税项资产(元)	80 556 000	103 158 000	—	—
非流动资产其他项目(元)	78 249 074 000	59 095 849 000	350 961 000 000	241 544 000 000

续表

资产负债表				
项 目	京东—SW		阿里巴巴—SW	
非流动资产合计(元)	120 629 146 000	104 309 078 000	850 062 000 000	694 803 000 000
资产总额(元)	259 723 704 000	209 164 857 000	1 312 985 000 000	965 076 000 000
流动负债				
短期借款(元)	—	147 264 000	5 154 000 000	7 356 000 000
融资租赁负债流动(元)	3 193 480 000		—	
应付账款及票据(元)	90 428 382 000	79 985 018 000	161 536 000 000	132 821 000 000
其他应付款项及应计费用(元)	24 656 180 000	20 292 680 000	—	—
应付税项(元)	2 015 788 000	825 677 000	20 190 000 000	17 685 000 000
递延收入流动(元)	19 405 213 000	14 998 092 000	—	—
流动负债其他项目(元)	—	4 397 670 000	54 992 000 000	49 807 000 000
流动负债合计(元)	140 017 021 000	120 862 015 000	241 872 000 000	207 669 000 000
流动资产净值(元)	-922 463 000	-16 006 236 000	221 051 000 000	62 604 000 000
总资产减流动负债(元)	119 706 683 000	88 302 842 000	1 071 113 000 000	757 407 000 000
非流动负债				
长期借款(元)	3 139 290 000	3 088 440 000	39 660 000 000	35 427 000 000
融资租赁负债非流动(元)	5 523 164 000		—	
递延税项负债(元)	1 338 988 000	828 473 000	43 898 000 000	22 517 000 000
递延收入非流动(元)	1 942 635 000	463 153 000	2 025 000 000	1 467 000 000
非流动负债其他项目(元)	225 883 000	308 489 000	25 263 000 000	6 187 000 000
非流动负债合计(元)	19 082 452 000	11 474 698 000	191 462 000 000	142 005 000 000
负债总额(元)	159 099 473 000	132 336 713 000	433 334 000 000	349 674 000 000
股东权益				
股本(元)	381 000	380 000	1 000 000	1 000 000
储备(元)	-10 453 514 000	-22 637 669 000	412 387 000 000	262 857 000 000
留存收益(元)	-11 912 679 000	-24 038 081 000	406 287 000 000	257 886 000 000
其他储备(元)	1 459 165 000	1 400 412 000	6 100 000 000	4 971 000 000
归属于母公司股东权益其他项目(元)	92 309 103 000	82 408 262 000	352 116 000 000	236 218 000 000
归属于母公司股东权益(元)	81 855 970 000	59 770 973 000	764 504 000 000	499 076 000 000
非控股权益(元)	18 768 261 000	17 057 171 000	115 147 000 000	116 326 000 000

续表

资产负债表				
项　　目	京东—SW		阿里巴巴—SW	
股东权益合计(元)	100 624 231 000	76 828 144 000	879 651 000 000	615 402 000 000
负债及股东权益合计(元)	259 723 704 000	209 164 857 000	1 312 985 000 000	965 076 000 000

（3）现金流量表。

现金流量表决定着企业的存亡，企业可以没有利润，没有利润说明企业暂时出现运营问题，但是如果资金流断，企业将会面临倒闭的风险。京东和阿里巴巴的现金流量表对比见表11-4。

表 11-4　京东与阿里巴巴现金流量表对比分析

现金流量表				
项　　目	京东—SW		阿里巴巴—SW	
报告期	2019 年年报	2018 年年报	2019 年年报	2018 年年报
起始日期	2019-1-1	2018-1-1	2019-4-1	2018-4-1
截止日期	2019-12-31	2018-12-31	2020-3-31	2019-3-31
报表类型	合并报表	合并报表	合并报表	合并报表
报表年结日	1231	1231	331	331
上市前/上市后	上市前	上市前	上市后	上市前
原始币种	人民币	人民币	人民币	人民币
经营活动产生的现金流量				
除税前利润(元)	11 890 092 000	− 2 800 550 000	—	78 037 000 000
资产减值准备(元)	1 954 031 000	615 455 000	—	14 093 000 000
折旧与摊销(元)	5 842 867 000	5 573 683 000	—	37 344 000 000
出售物业、厂房及设备的亏损收益(元)	− 5 018 624 000	− 1 331 432 000	—	− 549 000 000
投资亏损收益(元)	1 738 219 000	1 113 105 000	—	− 16 082 000 000
重估盈余(元)	− 3 495 709 000	1 512 979 000	—	− 31 609 000 000
存货的减少增加(元)	− 13 915 610 000	− 2 342 058 000	—	—
应收账款减少增加(元)	3 936 793 000	4 287 004 000	—	—
预付款项、按金及其他应收款项减少增加(元)	1 918 545 000	49 567 000	—	− 1 546 000 000
应付账款增加减少(元)	10 391 341 000	5 466 698 000	—	5 197 000 000

续表

现金流量表				
项　目	京东—SW		阿里巴巴—SW	
预收账款、按金及其他应付款增加减少(元)	134 713 000	128 909 000	—	24 355 000 000
经营资金变动其他项目(元)	9 404 562 000	8 608 062 000	—	38 675 000 000
经营活动产生的现金(元)	24 781 220 000	20 881 422 000	—	147 915 000 000
经营活动产生的现金流量净额其他项目(元)	—	—	180 607 000 000	3 060 000 000
经营活动产生的现金流量净额(元)	24 781 220 000	20 881 422 000	180 607 000 000	150 975 000 000
投资活动产生的现金流量				
购买物业、厂房及设备支付的现金(元)	− 7 919 037 000	− 17 102 392 000	—	− 32 336 000 000
购买无形资产及其他资产支付的现金(元)	− 1 080 555 000	− 4 267 102 000	—	− 17 307 000 000
出售无形资产及其他资产收到的现金(元)	7 905 251 000	− 19 578 000	—	− 35 434 000 000
购买子公司、联营企业及合营企业支付的现金(元)	− 41 380 000	—	—	− 10 000 000
购买证券投资所支付的现金(元)	− 36 028 126 000	− 24 478 487 000	—	− 76 304 000 000
出售证券投资所收到的现金(元)	6 633 720 000	10 977 400 000	—	10 339 000 000
投资活动产生的现金流量净额其他项目(元)	3 019 660 000	276 963 000	− 108 072 000 000	− 34 622 000 000
投资活动产生的现金流量净额(元)	− 25 349 357 000	− 26 078 992 000	− 108 072 000 000	− 151 060 000 000
融资活动产生的现金流量				
新增借款(元)	5 803 800 000	4 069 997 000	—	12 116 000 000
偿还借款(元)	− 5 969 768 000	− 1 200 000 000	—	− 16 347 000 000
吸收投资所得(元)	6 648 761 000	805 561 000	—	8 706 000 000
发行股份(元)	112 153 000	19 539 217 000	—	354 000 000
回购股份(元)	− 131 010 000	− 205 886 000	—	− 10 872 000 000
赎回偿还债券(元)	− 3 886 227 000	− 11 960 194 000	—	—
已付股息融资(元)	—	—	—	− 226 000 000

续表

现金流量表				
项　　目	京东—SW		阿里巴巴—SW	
融资活动产生的现金流量净额其他项目(元)	− 5 242 000	171 233 000	70 853 000 000	− 1 123 000 000
融资活动产生的现金流量净额(元)	2 572 467 000	11 219 928 000	70 853 000 000	− 7 392 000 000
现金及现金等价物净增加额(元)	2 410 221 000	7 703 521 000	147 488 000 000	− 4 232 000 000
现金及现金等价物的期初余额(元)	37 502 058 000	29 798 537 000	198 494 000 000	202 726 000 000
汇率变动对现金及现金等价物的影响(元)	405 891 000	1 681 163 000	4 100 000 000	3 245 000 000
现金及现金等价物的期末余额(元)	39 912 279 000	37 502 058 000	345 982 000 000	198 494 000 000

数据来源:前瞻眼。

经营活动现金流必须为正数,并且持续增加。经营活动现金流占比应该大一些,如果经营活动现金流一直下降,说明企业的经营存在问题。

11.4 　未来展望

过去的 2020 年,不可避免地被全球蔓延的一些不可因素所影响,在消费领域,这种改变尤为明显,反消费主义的讨论一时甚嚣尘上。全国社会消费品零售总额、消费者信心指数等数据无不暴露出市场大环境的不确定性。但是,一系列冰冷的数据远远无法勾画出后疫情时代消费领域的全貌,事实上,破坏、重建正在同步发生。

电商规模持续增长,电商迭代始终与流量变化共振,内容营销时代,各电商平台有望从社交、短视频、搜索等新渠道获得增量流量。对电商企业来说,一头是流量,一头是供应链,共同推进电商平台的发展迭代,龙头企业不断把握流量趋势、加强供应链,稳固行业地位,同时向科技、服务领域扩张,打开成长空间。

中长期来看，社会零售总额增速持续放缓，经济正处在下行区间，电商行业增速肯定会放缓。流量见顶、增量难寻，2021 年电商平台们将更多地在同一战场厮杀，这将成为未来几年的主旋律。

阿里巴巴如何走出内外交困？尽管电商大盘仍保持着稳定增长，但对阿里巴巴而言，2020 年是其创业以来罕见的困顿时期，并遭遇了前所未有的声望危机。在 Q4 财报会上，CFO 卫武明确表示，利润从不是阿里的第一优先选择，未来仍将大量投资创新业务，包括电商种子业务和其他。向以技术为驱动源的多元化综合商业巨擘的持续转型，盈利有望再提速。

至少从 2020 年的前三个季度看，京东的业绩表现是相当可以的。在摆脱了近一年的增长停滞后，京东股价在 2019 年实现了 140% 的涨幅，得益于物流的长期建设。要实现"交易额、收入、用户和利润"四大核心指标上的"加速增长"京东仍需找到新的切入点。

本章小结

本章对国内电子商务行业进行了概括性的分析，并对京东和阿里巴巴的商业模式和财务数据的异同进行了原因解读，相信会给读者带来一定的启发。

第 12 章

零售行业财务分析实战

零售业是我们日常生活中接触最密切的行业,如果要用一句话来概括零售业,那就是"低买高卖赚差价"。但是,随着零售形式的变革,零售业已经出现了很多新业态,让我们越来越看不懂了。那么在互联网时代,零售业究竟有何演变,财务分析如何解读? 这一章,我们介绍互联网时代下的零售业财务分析。

12.1 零售行业概况

零售行业迄今经历了至少三次变革浪潮,分别是生产驱动的经济、营销和分销驱动的经济以及消费驱动型经济。而在中国,变革需要的时间长度相比欧美要短得多,几乎在很短的时间内,经历了这三个阶段的变革,甚至有一段时间,是并行混合的。当然,这更多是因为互联网这种新生产方式的兴起加速了变革。中国速度,在零售业,也借此再一次得到体现。

世界范围内的第一次零售业的变革浪潮通常认为是从 1850 年持续到 1950 年。在这一阶段,主动权掌握在生产商手中,消费者没有选择权,这让我们想起中国计划经济年代的特点,只要生产出来,不怕销售不出去。在计划经济下,不光是要有钱,消费者还要拿相应的布票、粮票等计划内配给的票据,才能买到想要的消费品,需求被极大压制。曾经有个笑话,笔者上小学时,大家都爱看《西游记》,谈到唐僧的袈裟,全班同学几乎异口同声地说是黑色的,可有个同学却说是红色的,闹得同学们一阵争吵。后来他把全班同学带到他家里去看,结果才发现,原来这个世界上还真的有彩色电视机!

在那个时候,每个消费领域都是生产驱动需求的模式。商家卖什么,顾客才能买什么。消费者的需求即使有,也得不到重视。

零售业的第二次变革浪潮开始于 1980 年,在 1980 年到 2000 年达到巅峰。这一时间的特点是:物质极大丰富,零售业快速扩张,产生了零售业巨头和大的品牌商。广告商在这一阶段大行其道,奇妙的创意刺激着消费者,人们的消费需求被极大地激发出来,以至于出现了某品牌新品发售时排队抢购的场面。

大约从 2010 年开始,我们感受到第三次浪潮所带来的冲击。这次浪潮也将成为零售业最重大的一次转型。在这次变革浪潮中,主动权从卖方转移到了买方手里,消费者很大程度上拥有了更大的市场决定权。消费者不再渴望畅销的大品牌,不再渴望与其他消费者雷同。消费者依然追求个性,但个性是由他们自己定义的。消费者会充分利用这项新权力,将自身需求提升到了"自我实现"的层次,这也是亚伯拉罕·马斯诺提出的"需求层次理论"的最高层次。

在这样的背景环境下,我们对零售业的财务分析也会发生相应的改变,需要考虑到新模式下的企业是如何表现的。只有那些考虑到消费者需求的变化,并为此主动改变和调整策略的企业,才能够在第三次零售变革的浪潮中生存下来,而这些改变,都有赖于它们对消费者需求变化的分析。

12.2 拼多多、亚马逊上市公司报表分析

我们来看一下东方财富网上关于拼多多的简要介绍:拼多多公司于 2015 年 4 月 20 日在开曼群岛成立,通过境内公司上海寻梦信息技术有限公司运营。而上海寻梦信息技术有限公司成立于 2014 年,2015 年 9 月创办社

交新电商平台拼多多,拼多多现为公司旗下主要产品。2018 年 7 月 26 日,成立仅 34 个月的拼多多,在美上市。

拼多多目前体量已经相当大了,截至 2020 年 9 月 30 日,已达 2 410 亿级别市值,它是如何成长起来的呢?

我们也许还有印象,2015—2016 年,当时,微信支付要突破支付宝的金融垄断,要通过微信红包裂变自己的微信支付,微信对流量做了一个敞口开放的机会,拼多多利用这次千载难逢的机会,突袭了一轮流量。

由于没有存量电商用户的历史负担,拼多多做到了京东、美团、淘宝都没能做到的事,就是低价拼团砍价策略。

作为一个平台,要两边同时发展,才能达到平台的繁荣。那么卖家端的招商,拼多多是如何做到的呢?

仍然是在 2015、2016 年,当时京东、天猫都在不断扩展规模,带来流量的稀缺,获客成本抬高,它们就会把流量给予品牌溢价更高的商家,以获取更多的利润,而那一大拨的中长尾商家,陷入流量枯竭的境地,正好被拼多多收至麾下。

一边有用户流量,一边有找不到用户的商家,供给需求完全匹配。它做的事就是通过“拼”来将双方的需求搭配上。

拼多多就这样借助历史契机的夹缝,成长起来了。

表 12-1 为拼多多的财务数据,2020 年 9 月 30 日,拼多多的总资产是994.1 亿元,接近千亿元,这相当于什么规模? 小米集团,同期总资产2 116.05 亿元,近 1/2 个小米集团的规模。

表 12-1　拼多多与小米集团对比

公　　司	总资产(2020 年 9 月 30 日)
拼多多	994.1 亿元
小米集团	2 116.05 亿元

来源:拼多多、小米季报。

我们再来看看它的资产都包含什么? 以下是我们从拼多多的资产负债表上概括出来的内容,见表 12-2。

资产由运营资产、固定资产、金融资产等构成。其中运营资产主要包括现金、应收账票、预付款等用来支持企业主业运营周转占用的资产。运营资产占比在这几年的数据分别为 2016 年末 82.65%、2017 年末 27.92%、2018 年末 37.94%、2019 年末 13.33%,到 2020 年第三季度较新的数据是 11.57%。我们能看到运营资产占比在逐年降低,金融资产占比分别为 17.22%、72.08%、56.03%、84%、86.89%,与运营资产逐年下降正好相反,呈逐年上升趋势。这就好比一个家庭的支出配比,在家庭整体收入不高的时候,按照恩格尔系数的反映,该家庭中家庭食品支出与家庭总消费支出的比值,该比值越小,说明该家庭越富裕。但并不表示,用于家庭食品支出的绝对值在减少,只是比值在减少而已。同理,拼多多的数据表明它账上有现金,属于企业里比较好的一类。在现金为王的当下,有钱是一家企业强有力的持续发展的根基。

表 12-2 拼多多财报 单位:亿元

序号	项 目	2016 年	2017 年	2018 年	2019 年	2020 年
1	现金占比	74.53%	22.98%	32.79%	7.58%	5.75%
2	应收账票占比	5.8%	4.0%	2.9%	4.5%	4.0%
3	预付款占比	2.3%	1.0%	2.2%	1.2%	1.8%
4	运营占比合计	82.65%	27.92%	37.94%	13.33%	11.57%
5	固定资产占比	0.13%	0.07%	0.07%	0.05%	0.05%
6	无形资产(含商誉)占比	0.00%	0.00%	5.97%	2.62%	1.50%
7	投资占比合计	17.35%	0.48%	17.74%	46.45%	40.14%
8	金融资产占比合计	17.22%	72.08%	56.03%	84.00%	86.89%
9	经营负债占比	79.84%	90.98%	56.42%	60.18%	65.47%
10	金融负债占比	0.00%	0.00%	0.00%	7.42%	5.97%
11	资产负债率	79.84%	90.98%	56.42%	67.59%	71.43%
12	毛利率	-14.46%	58.54%	77.82%	78.96%	76.47%
13	销售费用率	33.47%	77.12%	102.44%	90.15%	80.39%
14	运营的利润率	-47.93%	-18.58%	-24.62%	-11.18%	-3.92%
15	管理费用率	2.93%	7.64%	49.21%	4.30%	3.35%
16	研发费用率	5.83%	7.41%	8.51%	12.84%	15.00%

续上表

序号	项　　目	2016 年	2017 年	2018 年	2019 年	2020 年
17	净利润率	−57.83%	−30.11%	−77.90%	−23.12%	−17.62%
18	总资产(亿元)	17.71	133.1	431.8	760.6	994.1
19	销售收入(亿元)	5.049	17.44	131.2	301.4	329.4

数据来源:拼多多上市招股说明书、年报、季报。

另外,我们从报表中也能看出,这不是一家制造业公司,是做服务业的,它没有存货。

前面我们分析过零售业的三次浪潮变革,而拼多多是第三次浪潮变革的产物之一,它的模式非常接近线下的奥利齐模式和日本社会消费者现在所追求的极致性价比的特点。它几乎没有自己的资产,做的是服务,最了解消费者,最接近消费者,做的是 C2M 模式。

2020 年 9 月 30 日,拼多多的总资产 994 亿元,其中近 87% 都是金融资产。金融资产有很强的流动性,可以随时变现。这是我们要说的拼多多模式的另外一个特点,也是亚马逊正在实践的一个商业模式。

我们把亚马逊 2000 年到迄今的报表列出来看一下,见表 12-3 ~ 表 12-6。

表 12-3　亚马逊财报(2000 年—2005 年)　　单位:亿美元

项　　目	2000 年	2001 年	2002 年	2003 年	2004 年	2005 年
收入	27.62	31.22	39.33	52.64	69.21	84.9
收入增长		13.03%	25.98%	33.84%	31.48%	22.67%
净利润	−14.11	−5.673	−1.491	3 528 万	5.88	3.59
经营活动产生的现金流量	1.304	1.198	1.743	3.92	5.66	7.33
筹资活动产生的现金流量	6.931	1.069	1.069	3.32	0.97	1.93
投资活动产生的现金流量	1.64	2.533	1.217	2.367	3.17	7.78
现金及现金等价物期末余额	8.224	5.403	7.383	11.02	13.03	10.13

表 12-4　亚马逊财报(2006 年—2011 年)　　　单位:亿美元

项　　目	2006 年	2007 年	2008 年	2009 年	2010 年	2011 年
收入	107.1	148.3	191.7	245.1	342	480.8
收入增长	26.15%	38.47%	29.27%	27.86%	39.53%	40.58%
净利润	1.9	4.76	6.45	9.02	11.52	6.31
经营活动产生的现金流量	7.02	14.05	16.97	32.93	34.95	39.03
筹资活动产生的现金流量	4	0.5	1.98	2.8	1.81	4.82
投资活动产生的现金流量	3.33	0.42	11.99	23.37	33.6	19.3
现金及现金等价物期末余额	10.22	25.39	27.69	34.44	37.77	52.69

表 12-5　亚马逊财报(2012 年—2017 年)　　　单位:亿美元

项　　目	2012 年	2013 年	2014 年	2015 年	2016 年	2017 年
收入	610.9	744.5	889.9	1 070	1 360	1 779
收入增长	27.06%	21.87%	19.53%	20.24%	27.10%	30.81%
净利润	-0.39	2.74	-2.41	5.96	23.71	30.33
经营活动产生的现金流量	41.8	54.75	68.42	120.4	172	183.7
筹资活动产生的现金流量	22.59	5.39	44.32	38.82	37.16	99.28
投资活动产生的现金流量	35.95	42.76	50.65	64.5	95.16	270.8
现金及现金等价物期末余额	80.84	86.58	145.6	158.9	199.3	218.6

表 12-6　亚马逊财报(2000 年—2020 年)　　　单位:亿美元

项　　目	2018 年	2019 年	2020 年	2000—2015 年	2016—2020 年
收入	2 329	2 805	3 861	5 135.22	12 134
收入增长	30.92%	20.44%	37.65%		
净利润	100.7	115.9	213.3	34.446	483.94
经营活动产生的现金流量	307.2	385.1	660.6	451.475	1708.6
筹资活动产生的现金流量	76.86	100.7	11.04	142.319	325.04
投资活动产生的现金流量	123.7	242.8	596.1	304.577	1 328.56
现金及现金等价物期末金额	321.7	364.1	423.8	158.9	423.8

从 2000 年到 2015 年,这 15 年间,从 2000 年的 27.62 亿美元,2001 年 31.22 亿美元,2002 年 39.33 亿美元。一直到 2015 年 1 070 亿美元,亚马逊的收入每年都在增长。

但是,我们再看另一个数据——净利润,这 15 年只累计贡献了 34 亿美元,相比这 15 年的收入,1% 都不到。

说明这段时间,亚马逊的战略不是利润最大化。它是打造一种规模化。想要利润是很容易的事,但是,它有自己的战略规划。在这一阶段,它要占领足够大的规模,以支撑下一步的战略规划的实现。得益于第一阶段战略的持之以恒的执行,亚马逊已成为全美最大的电商平台。

2010 年营收 342 亿美元,到 2020 年已经是 3 861 亿美元。10 年,10 倍的增长。要知道,2020 年它已经是市值 1.6 万亿美元的公司了,这么大的体量,还有 10 倍的增长,多可怕的公司!

再来看同期的经营性现金流的表现,每年都非常好,非常稳定地增长,到 2015 年,它账上现金有 158.9 亿美元,到 2020 年末,是 423.8 亿美元。从这里我们看出,它的商业逻辑就是:利用上游供应商的免息账期和下游一手交钱一手交货的现金交易,能为亚马逊带来持续不断的现金流,就可以用新的收入进来的资金去偿还上一批要到期的账款,只要收入一直在上涨,它的账上就会始终有一大笔账款不用还。这一大笔钱,可以用来做很多想做的事情,比如,投入到让它的收入规模持续上涨的事情,让它的用户规模持续增长的事情。从这个角度去思考,其实很多零售企业都是这么做的,像天猫、苏宁。否则,零售业利润这么低,为什么这么多企业去做? 原因也就在这里。

亚马逊用了一套更有效率的方法来做这件事情,它的收入规模和它的现金流余额一直保持一个非常稳定的比例。另一方面,亚马逊的投资款占沉淀现金流的比例也非常稳定。每年只要收入规模持续增长,每年都会有固定的沉淀资金可以拿出来,投资到如何把收入规模继续做大这件事情上。这就是亚马逊发展的第一阶段的商业本质,长达 15 年之久。

在完成了收入规模的极大增速后,它开始进入了第二个阶段:要效率,开始生态建设的事情。通过高效率,满足用户需求,让用户继续黏在亚马逊的平台上。用高科技赋能商家,提供云服务,来获取利润。

我们用亚马逊这个零售业主要企业的案例分析,预测了拼多多的未来,以及它未来可能要去做的事情,可能也会是这样的经营策略。当然,需要时间去验证我们的预测,让我们拭目以待。

12.3　零售业的运营角度分析

随着互联网小步快跑、快速迭代带来的企业运营模式上的不断创新,零售业的业务活动、业务环节可谓是让人眼花缭乱、纷繁复杂,可分析的角度正像它所使用的业务活动、业务环节一样众多。下面我们再分享一个角度,我想这也是继当年家乐福那个经典的啤酒与纸尿裤的数据关联分析案例之后,又一个类似思路在今天的电商零售业分析中的有趣又很有启发的案例。

纽约一家电商行业情报公司 Marketplace Pulse,它认为在 2020 年,美国零售电商业务的最大赢家是 Etsy。

2020 年 4 月 2 日一早,Etsy 的 CEO 发现流量激增,搜索"face mask"的词条很频繁,而搜索结果出现的是大量的面膜、面具类产品。大家都知道,这段时间正是疫情严重的时候。政府建议公民在公共场合佩戴口罩。这名 CEO 非常具有商业的敏感度,他赶紧组织技术部门改进搜索引擎的词条顺序,把卖口罩的供应商排到前面去,并且通知平台上的卖家,提醒他们赶紧制作口罩用于满足用户的需求。这种快速反应,源于对数据的敏感度,这和当年某大型连锁超市根据数据分析结果,啤酒与纸尿裤的购买关联度很高,据此开始调整卖场摆放结构的思路是不是如出一辙?

本章小结

财务分析已经越来越不只是财务数字分析了,如果希望我们的分析真正给企业的运营者带来实际的操作指引,需要结合企业所在的行业背景、当时的大环境、市场、企业具体业务的情况,需要分析师们关注的场景和信息更加多,这对我们能力结构的需求也是日益提高的。不光是零售行业在发生着日新月异的变化,我们财务分析专业角度也要随之发生变化。

零售机构的高层们越来越相信,想要在零售业中生存下来,必须要了解市场、了解消费者的需求。而如今,洞悉消费者的有效途径之一就是零售分析。

读者意见反馈表

亲爱的读者：

感谢您对中国铁道出版社有限公司的支持，您的建议是我们不断改进工作的信息来源，您的需求是我们不断开拓创新的基础。为了更好地服务读者，出版更多的精品图书，希望您能在百忙之中抽出时间填写这份意见反馈表发给我们。随书纸制表格请在填好后剪下寄到：北京市西城区右安门西街8号中国铁道出版社有限公司大众出版中心 王佩 收（邮编：100054）。此外，读者也可以直接通过电子邮件把意见反馈给我们，E-mail地址是：505733396@qq.com。我们将选出意见中肯的热心读者，赠送本社的其他图书作为奖励。同时，我们将充分考虑您的意见和建议，并尽可能地给您满意的答复。谢谢！

所购书名：_____

个人资料：

姓名：_____ 性别：_____ 年龄：_____ 文化程度：_____

职业：_____ 电话：_____ E-mail：_____

通信地址：_____ 邮编：_____

您是如何得知本书的：

□书店宣传 □网络宣传 □展会促销 □出版社图书目录 □老师指定 □杂志、报纸等的介绍 □别人推荐
□其他（请指明）_____

您从何处得到本书的：

□书店 □邮购 □商场、超市等卖场 □图书销售的网站 □培训学校 □其他

影响您购买本书的因素（可多选）：

□内容实用 □价格合理 □装帧设计精美 □带多媒体教学光盘 □优惠促销 □书评广告 □出版社知名度
□作者名气 □工作、生活和学习的需要 □其他

您对本书封面设计的满意程度：

□很满意 □比较满意 □一般 □不满意 □改进建议

您对本书的总体满意程度：

从文字的角度 □很满意 □比较满意 □一般 □不满意
从技术的角度 □很满意 □比较满意 □一般 □不满意

您希望书中图的比例是多少：

□少量的图片辅以大量的文字 □图文比例相当 □大量的图片辅以少量的文字

您希望本书的定价是多少：

本书最令您满意的是：

1.

2.

您在使用本书时遇到哪些困难：

1.

2.

您希望本书在哪些方面进行改进：

1.

2.

您需要购买哪些方面的图书？对我社现有图书有什么好的建议？

您更喜欢阅读哪些类型和层次的书籍（可多选）？

□入门类 □精通类 □综合类 □问答类 □图解类 □查询手册类

您在学习计算机的过程中有什么困难？

您的其他要求：